El Imperio de los Negocios

PUBLICADO

por

Motmot.org

ESCRITO

por

Andrew Carnegie

TRADUCCIÓN

por

Joaquin de la Sierra

Copyright 2024. Motmot.org

Todos los derechos reservados. Ninguna parte de este libro puede ser reproducida o utilizada de ninguna manera sin el permiso previo por escrito del propietario del copyright, excepto para el uso de citas breves.

Para solicitar permiso, póngase en contacto con el editor visitando el sitio web: motmot.org.

«Aquí está la condición principal del éxito: concentra tu energía, pensamiento y capital exclusivamente en el negocio en el que estás involucrado. Habiendo comenzado en una línea, resuélvete a luchar en esa línea, a liderarla, adoptar cada mejora, tener la mejor maquinaria y saber lo máximo sobre ella».

— Andrew Carnegie

Contenido

UNA NOTA DEL TRADUCTOR 6

EL IMPERIO DE LOS NEGOCIOS 8

EL INTERÉS COMÚN DEL TRABAJO Y EL CAPITAL 19

LA FRUGALIDAD COMO UN DEBER 32

CÓMO HACER UNA FORTUNA 36

¿DESAPARECERÁN LAS CORPORACIONES? 42

LOS PELIGROS PARA LOS HOMBRES JÓVENES 46

LA RIQUEZA Y SUS USOS 49

RELACIONES COMERCIALES ANGLOAMERICANAS 65

NEGOCIOS 74

EL INICIO 76

APERTURAS AL ÉXITO 78

EL SEGUNDO PASO HACIA ARRIBA 80

LA PREGUNTA CRUCIAL 82

DÓNDE BUSCAR OPORTUNIDADES 84

UN SECRETO DEL ÉXITO 86

GRADUADOS UNIVERSITARIOS EN NEGOCIOS 87

EMPRESARIOS Y ESPECULADORES 89

ROMANCE EN LOS NEGOCIOS 93

VALOR DE UNA CARRERA EMPRESARIAL 94

COMERCIANTES Y PROFESIONALES 96

EL PREJUICIO DESAPARECIDO CONTRA EL COMERCIO. 99

RECOMPENSAS DE UNA CARRERA EMPRESARIAL 101

EL TABURETE DE TRES PATAS 103

FERROCARRILES: PASADO Y PRESENTE 105

RIQUEZA 111

LA MARCHA ASCENDENTE DEL TRABAJO 137

LA RELACIÓN FINAL ENTRE EL CAPITAL Y EL TRABAJO...145

EL DILEMA DEL SOCIALISMO 156

EL AHORRO 162

LA TIERRA 164

INDIVIDUALISMO VERSUS SOCIALISMO 173

VARIEDAD VERSUS UNIFORMIDAD 184

RELACIONES FAMILIARES..191

LA LARGA MARCHA HACIA ARRIBA...198

MI EXPERIENCIA CON LAS TARIFAS FERROVIARIAS Y LOS REEMBOLSOS...............203

Una Nota del Traductor

Descubrir este libro fue una gran sorpresa para mí, ya que me di cuenta de que está relativamente olvidado. Encontrar el texto original fue toda una odisea que involucró escanear página por página para después traducirlo al español. A medida que leía el libro, me daba cuenta de la gran sabiduría que proporcionaba.

Primero, quiero agradecerle, querido lector, por darme la oportunidad de compartir con usted esta joya literaria. Es un honor poder traer a la luz las ideas de Andrew Carnegie, un hombre cuya visión y sabiduría han dejado una huella imborrable en la historia.

El periodo histórico en que se escribió este libro fue una era de grandes cambios y avances. Publicado en 1902, «El Imperio de los Negocios» es una compilación de ensayos que Andrew Carnegie escribió a lo largo de varios años, reflejando sus profundas observaciones sobre la economía y la sociedad de su tiempo. Estos ensayos fueron originalmente publicados en reconocidas revistas de la época, como The New York Evening Post, The New York Journal y Macmillan's Magazine. La influencia del marxismo en los escritos de Carnegie es evidente, especialmente en su análisis sobre la distribución de la riqueza y su enfoque en el bienestar social.

Andrew Carnegie, nacido en Escocia en 1835, emigró a América como adolescente y se convirtió en uno de los industriales más prominentes de su tiempo. Lideró la expansión de la industria del acero en los Estados Unidos a finales del siglo XIX y se consolidó como uno de los estadounidenses más ricos de la historia. Su empresa, Carnegie Steel Company, transformó la industria del acero en Pittsburgh y, tras su venta a J.P. Morgan, Carnegie dedicó el resto de su vida a causas filantrópicas. Fundó más de 2,500 bibliotecas públicas alrededor del mundo y donó más de $350 millones durante su vida, apoyando la educación, la paz mundial y la investigación científica.

El legado de Andrew Carnegie se puede sentir hasta hoy en día. Sus contribuciones a la educación y a la construcción de bibliotecas han dejado una marca indeleble en la sociedad. Su enfoque en la filantropía y su creencia en el uso responsable de la riqueza para el mejoramiento de la humanidad son principios que continúan inspirando a generaciones.

Carnegie fue un ser admirable de quien podemos aprender mucho. A veces se cree que los libros modernos pueden tener mejor información que los antiguos, pero este es un gran ejemplo de lo contrario. Los factores que llevan a la riqueza son atemporales y pueden ser aplicados por cualquiera, independientemente de la época en que vivan.

Finalmente, he realizado algunos ajustes en esta traducción. He cambiado los sistemas de medición al métrico y he actualizado varias unidades para facilitar la comprensión. En todas mis traducciones, mantengo los nombres en su idioma original, ya que busco que el lector se sumerja en el texto original. Espero que este libro les guste tanto como me gustó a mí traducirlo y leerlo.

Saludos cordiales,

Joaquín de la Sierra

El imperio de los negocios

ES BUENO que los jóvenes comiencen desde abajo y ocupen posiciones más subordinadas. Muchos de los principales hombres de negocios de Pittsburgh tuvieron una seria responsabilidad impuesta sobre ellos justo al inicio de sus carreras. Fueron introducidos al uso de la escoba y pasaron las primeras horas de sus vidas laborales barriendo la oficina. He notado que ahora tenemos conserjes en las oficinas, y nuestros jóvenes, desafortunadamente, se pierden de esa educación tan útil para los negocios. Pero si por casualidad el conserje está ausente una mañana, el joven que tiene el talento del futuro socio no dudará en trabajar con la escoba.

El otro día, una madre elegante y afectuosa en Míchigan le preguntó a un joven si había visto alguna vez a una joven barrer una habitación tan magníficamente como Priscila. Él respondió que no, nunca lo había visto, y la madre quedó enormemente satisfecha, pero luego dijo él, después de una pausa, «Lo que me gustaría ver es que barriera una habitación».

No le hace daño a nadie barrer la oficina si es necesario. Yo trabajé de eso, y ¿quiénes creen que eran mis compañeros barrenderos? David McCargo, ahora superintendente del Ferrocarril del Valle de Allegheny; Robert Pitcairn, superintendente del Ferrocarril de Pensilvania; y el Sr. Moreland, abogado de la ciudad. Todos nos turnábamos, dos cada mañana hacían la limpieza; y ahora recuerdo que Davie estaba tan orgulloso de su blanca y limpia pechera de camisa que solía cubrirla con un viejo pañuelo de seda que guardaba para ese propósito, y nosotros los otros muchachos pensábamos que se estaba luciendo. Y así era. Ninguno de nosotros tenía un pañuelo de seda.

Asumiendo que todos han conseguido empleo y están bien encaminados, mi consejo para ustedes es: «aspiren a lo más alto posible». Yo no daría ni un centavo por un joven que no se imagine a sí mismo como socio o jefe de una gran empresa. No se conformen ni por un momento con la idea de ser jefe de oficina, capataz, o gerente general en cualquier empresa, sin importar cuán grande sea. Siempre repitan: «Mi lugar está en la cima». Sean los reyes en sus sueños. Hagan el juramento de que alcanzarán esa posición con una reputación intachable y no hagan ningún otro juramento que desvíe su atención, excepto uno muy encomiable: que cuando sean miembros de la firma o antes, si han sido promovidos dos o tres veces, formarán otra sociedad con la persona más encantadora del sexo opuesto— una sociedad en la que no se aplican las leyes empresariales. En esa unión, la responsabilidad es siempre total.

Permítanme señalar dos o tres condiciones esenciales para el éxito. No teman que voy a moralizar o a recitar un sermón. Hablo del tema solo desde el punto de vista de un hombre de negocios que desea ayudarlos a convertirse en hombres de negocios exitosos. Todos ustedes saben que no hay ningún éxito genuino y digno en la vida si no son honestos, veraces, justos; asuman que lo son y que seguirán siendo todo esto, y también que están determinados a vivir vidas puras y respetables, libres de asociaciones perniciosas o equívocas con uno u otro sexo. No hay ningún futuro respetable para ustedes de otra manera; de lo contrario, su aprendizaje y sus ventajas no solo se desperdiciarán, sino que acentuarán su fracaso y su deshonra. Espero que no se lo tomen a mal si les advierto contra tres de los peligros más graves que encontrarán en su camino a la cima.

El primero y más seductor, y el destructor de la mayoría de los jóvenes, es el consumo de licor. No soy un conferencista sobre la templanza disfrazado, sino un hombre que sabe y les dice lo que la observación le ha demostrado. Les digo que es más probable que fracasen en sus carreras por adquirir el hábito de beber licor que por cualquier otra tentación que pueda asediarlos.

Pueden caer en casi cualquier otra tentación y reformarse —pueden levantarse, y si no recuperan el terreno perdido, al menos pueden permanecer en la carrera y asegurar y mantener una posición respetable. Pero escapar de la sed por el licor es casi imposible. He conocido pocas excepciones a esta regla. Primero, entonces, no deben beber licor en exceso. Mejor si no lo tocan en absoluto —mucho mejor; pero si esta es una regla demasiado dura para ustedes, entonces adopten firmemente esta posición: resuelvan nunca tocarlo excepto en las comidas.

Un vaso en la cena no impedirá su avance en la vida ni disminuirá su tono; pero les imploro que consideren inconsistente con la dignidad y el respeto propio de caballeros, con lo que se deben a sí mismos siendo los hombres que son, y especialmente los hombres que están decididos a ser, beber un vaso de licor en una barra. Sean demasiado cuidadosos para nunca entrar en un bar. No pueden seguir sus carreras con seguridad a menos que se mantengan firmemente en esta posición. Adhiéranse a ella y habrán escapado del peligro del más mortal de sus enemigos.

El siguiente peligro más grande para un joven hombre de negocios en esta comunidad, creo, es la especulación. Cuando era operador de telégrafos aquí, no teníamos Bolsas en la ciudad, pero los hombres o las firmas que especulaban en las Bolsas del Este eran necesariamente conocidos por los operadores. Podían contarse con los dedos de una mano. Estos hombres no eran nuestros ciudadanos de mayor reputación; se les miraba con sospecha. He vivido para ver cómo todos estos especuladores se han arruinado irremediablemente, en bancarrota tanto en dinero como en carácter. Apenas hay casos de hombres que hayan hecho una fortuna por la especulación y la hayan mantenido. Los jugadores mueren pobres, y ciertamente no hay ni un solo caso de un especulador que haya llevado una vida digna de sí mismo o beneficiosa para la comunidad. El hombre que agarra el diario de la mañana para ver primero cómo es probable que resulten sus apuestas especulativas en las Bolsas, se incapacita para la consideración serena y la solución adecuada de los problemas de negocios con los que tiene que lidiar más tarde en el día, y mina las fuentes de esa energía persistente y concentrada de la cual dependen el éxito permanente, y a menudo la propia seguridad, de su negocio principal.

El especulador y el hombre de negocios siguen líneas divergentes. El primero depende del giro repentino de la rueda de la fortuna; hoy es millonario, mañana está arruinado. Pero el hombre de negocios sabe que sólo a través de años de atención paciente y constante a sus asuntos puede ganar su recompensa, la cual es el resultado, no del azar, sino de métodos bien ideados para alcanzar sus objetivos. Durante todos estos años, tiene el aliento de saber que, por ninguna posibilidad, puede beneficiarse sin llevar prosperidad a otros. El especulador, por otro lado, mejor nunca hubiera vivido en lo que respecta al bien de los demás o al bien de la comunidad.

No hace mucho tiempo, cientos de jóvenes en esta ciudad fueron tentados a apostar en petróleo, y muchos fueron arruinados; todos resultaron perjudicados, ya sea que perdieran o ganaran. Es posible que ustedes también sean, o más bien, con certeza serán tentados de manera similar. Pero cuando eso suceda, espero que recuerden este consejo.

Díganle al tentador que les pide arriesgar sus escasos ahorros que, si alguna vez deciden especular, están decididos a ir a una casa de apuestas regulada y bien dirigida donde las trampas son justas. Pueden obtener un juego justo y casi igual probabilidad en el rojo y el negro en tal lugar; en la Bolsa no tienen nada de eso. Sería lo mismo que probar su suerte con un jugador de tres cartas.

Hay otro punto involucrado en la especulación. Nada es más esencial para los jóvenes de negocios que un crédito intachable, un crédito engendrado por la confianza en su prudencia, principios y estabilidad de carácter. Bueno, créanme, nada mata el crédito más rápido en cualquier Junta de Bancos que el conocimiento de que una firma o un individuo participa en la especulación. No importa un ápice si los resultados temporales de estas operaciones son ganancias o pérdidas.

En el momento en que se sabe que un hombre especula, su crédito se ve afectado, y poco después se pierde. ¿Cómo puede ser acreditado un hombre cuyos recursos pueden ser barridos en una hora por un pánico entre jugadores? ¿Quién puede decir cómo se encuentra entre ellos? Excepto que esto es cierto: ha dado aviso de que puede perder todo, por lo que aquellos que lo acreditan tienen a sí mismos para culpar.

Decídanse a ser hombres de negocios, pero especuladores, nunca.

El tercer y último peligro contra el que debo advertirles es uno que ha destrozado muchas vidas prometedoras que comenzaron bien y ofrecían la promesa de prosperidad. Es el peligroso hábito de avalar —es tan peligroso cuanto que generalmente se presenta bajo el disfraz de la amistad. Apela a sus instintos generosos, y ustedes dicen: «¿Cómo puedo negarme a prestar solo mi nombre para ayudar a un amigo?» Es precisamente porque hay tanto de verdadero y encomiable en esa perspectiva que la práctica es tan peligrosa. Permítanme intentar colocarlos en una posición segura y honorable al respecto. Les diría que hagan una regla de nunca avalar; pero esto es demasiado parecido a nunca probar el vino, o nunca fumar, o cualquiera de los otros «nunca». Generalmente resultan en excepciones. Como hombres de negocios, probablemente de vez en cuando se conviertan en avales de amigos. Ahora, aquí está el punto donde la consideración por el éxito de los amigos debe cesar y la consideración por su propio honor debe comenzar.

Si ustedes deben algo, todo su capital y todos sus efectos son una confianza solemne en sus manos que debe mantenerse inviolable para la seguridad de aquellos que han confiado en ustedes. No pueden hacer nada con honor que ponga en peligro estas obligaciones. Cuando un hombre endeudado avala a otro, no es su propio crédito ni capital lo que arriesga, es el de sus propios acreedores. Viola una confianza. Tomen nota, entonces: nunca avalen hasta que tengan medios en efectivo que no sean necesarios para sus propias deudas, y nunca avalen más allá de esos medios.

Antes de avalar en absoluto, consideren los avales como regalos y pregúntense si desean hacer el regalo a su amigo y si el dinero es realmente suyo para dar y no una confianza para sus acreedores.

No están seguros, caballeros, a menos que se mantengan firmemente en este único terreno que puede ocupar un hombre de negocios honesto. Les suplico que eviten el licor, la especulación y el aval. No fallen en ninguno de estos aspectos, pues el licor y la especulación son los mayores peligros en el mundo de los negocios, y el aval es el obstáculo más grande que enfrentan.

Asumiendo que están a salvo respecto a sus mayores peligros, la pregunta ahora es cómo elevarse desde la posición subordinada que hemos imaginado para ustedes, a través de los grados sucesivos, hasta la posición para la cual están, en mi opinión y espero que en la suya también, evidentemente destinados.

Puedo darles el secreto. Radica principalmente en esto: en lugar de la pregunta «¿Qué debo hacer por mi empleador?», sustituyan «¿Qué puedo hacer?». El cumplimiento fiel y concienzudo de las tareas asignadas está muy bien, pero el veredicto en tales casos generalmente es que realizan sus funciones actuales tan bien que es mejor que continúen desempeñándolas.

Ahora, jóvenes, esto no es suficiente. No es suficiente para los futuros socios. Debe haber algo más allá de esto. Hacemos empleados administrativos, contables, tesoreros, cajeros de banco de esta clase, y ahí permanecen hasta el final de sus vidas. El hombre ascendente debe hacer algo excepcional y más allá del ámbito de su especialidad. Debe atraer atención.

Un empleado de envíos puede hacerlo descubriendo en una factura un error con el que no tiene nada que ver y que ha escapado a la atención de la persona responsable. Si es un empleado de pesaje, puede ahorrar para la empresa al dudar del ajuste de las balanzas y mandarlas corregir, incluso si esto está en el ámbito del maestro mecánico. Si es un mensajero, incluso él puede sembrar la semilla de la promoción yendo más allá de la letra de sus instrucciones para asegurar la respuesta deseada.

No hay servicio tan bajo y simple, ni uno tan alto, en el cual el joven de habilidad y disposición no pueda demostrar fácilmente y casi a diario que es capaz de mayor confianza y utilidad y, lo que es igual de importante, mostrar su invencible determinación de ascender.

Algún día, en su propio departamento, se les indicará que hagan o digan algo que saben será perjudicial para los intereses de la empresa. Aquí está su oportunidad. Manténganse firmes como hombres y díganlo. Díganlo audazmente y den sus razones, y así demostrarán a su empleador que, mientras sus pensamientos han estado ocupados en otros asuntos, ustedes han estado estudiando durante horas en las que quizás él pensaba que estaban dormidos, cómo avanzar sus intereses.

Pueden tener razón o estar equivocados, pero en cualquier caso han alcanzado la primera condición del éxito. Han atraído atención. Su empleador ha descubierto que no tiene solo un asalariado en su servicio, sino a un hombre; no a uno que se contenta con dar tantas horas de trabajo a cambio de tantos dólares, sino a uno que dedica sus horas libres y sus pensamientos constantes al negocio.

Tal empleado debe ser considerado con amabilidad y de manera positiva. No pasará mucho tiempo antes de que se le pida consejo en su rama especial, y si el consejo dado es acertado, pronto se le pedirá y tomará en cuenta sobre cuestiones de mayor alcance. Esto significa sociedad; si no es con los empleadores actuales, será con otros. Su pie, en ese caso, está en la escalera; el monto de escalada depende enteramente de ustedes mismos.

Un falso axioma que escucharán a menudo, contra el cual deseo prevenirlos: «Obedezcan órdenes, incluso si eso causa problemas a sus jefes». No lo hagan. Esta no es una regla que deban seguir. Rompan siempre las órdenes para ayudar a los dueños. Nunca hubo un gran carácter que no rompiera a veces las regulaciones rutinarias e hiciera nuevas para sí mismo.

La regla es solo adecuada para aquellos que no tienen aspiraciones, y ustedes no han olvidado que están destinados a ser dueños y a dar órdenes y a romperlas. No duden en hacerlo siempre que estén seguros de que los intereses de su empleador serán promovidos y cuando estén tan seguros del resultado que estén dispuestos a asumir la responsabilidad. Nunca serán socios a menos que conozcan el negocio de su departamento mucho mejor de lo que los dueños posiblemente puedan.

Cuando sean llamados a rendir cuentas por su acción independiente, muestren el resultado; muéstrenle cuán equivocadas eran las órdenes. No hay nada que le gustará tanto si es del tipo correcto de jefe; si no lo es, no es el hombre con quien deban quedarse — déjenlo tan pronto como puedan, incluso a un sacrificio presente, y busquen uno capaz de discernir su interés.

Nuestros jóvenes socios en la firma Carnegie han ganado su lugar al demostrar que nosotros no conocíamos la mitad de lo que se requería como ellos sí. Algunos de ellos han actuado en ocasiones conmigo como si fueran los dueños de la firma y yo solo un neoyorquino presuntuoso que asesoraba sobre algo que sabía muy poco. Pues bien, ahora no se les interfiere mucho. Ellos eran los verdaderos jefes — los mismos hombres que buscábamos.

Hay una señal segura del futuro millonario: sus ingresos siempre superan sus gastos. Comienza a ahorrar temprano, casi tan pronto como empieza a ganar. No importa cuán poco sea posible ahorrar, ahorran esa pequeña cantidad. Invierten con seguridad, no necesariamente en bonos, sino en cualquier cosa que tienen una buena razón para creer que será rentable, pero sin jugar a la suerte con ello. Pronto se presentará una oportunidad para la inversión. Lo poco que hayan ahorrado demostrará ser la base para una cantidad de crédito que les resultará completamente sorprendente. Los capitalistas confían en el joven ahorrador. Por cada cien dólares que puedan producir como resultado de duros ahorros, Midas, en busca de un socio, prestará o acreditará mil; por cada mil, cincuenta mil. No es el capital lo que sus superiores requieren, es el hombre que ha demostrado que tiene los hábitos comerciales que generan capital, y generarlo de la mejor de todas las maneras posibles, en cuanto a la autodisciplina se refiere, consiste en ajustar sus hábitos a sus medios. Caballeros, es el primer centenar de dólares ahorrados el que hace la diferencia. Empiecen de inmediato a ahorrar algo.

Por supuesto, hay objetivos mejores y más elevados que el ahorro. Como fin en sí mismo, la adquisición de riqueza es extremadamente innoble; supongo que ahorran y anhelan la riqueza solo como un medio para permitirles hacer algún bien en su tiempo y generación. Tomen nota de esta regla esencial: Gastos siempre dentro de los ingresos.

Puede que te impacientes o te desanimes cuando, año tras año, te encuentres en posiciones subordinadas. No cabe duda de que se está volviendo cada vez más difícil, a medida que los negocios gravitan hacia empresas inmensas, que un joven sin capital inicie su propio camino. En esta ciudad en particular, donde el gran capital es esencial, es inusualmente difícil. Sin embargo, permíteme decirte para tu ánimo, que no hay país en el mundo donde jóvenes capaces y enérgicos puedan ascender tan fácilmente como en este, ni ciudad donde haya más espacio en la cima. Ha sido imposible satisfacer la demanda de contadores capacitados y de primera clase; la oferta nunca ha igualado a la demanda.

Los jóvenes ofrecen todo tipo de razones por las cuales en sus casos el fracaso fue claramente atribuible a circunstancias excepcionales que hicieron imposible el éxito. Según ellos mismos, algunos nunca tuvieron una oportunidad. Esto es simplemente una tontería. Nunca ha existido un joven que no haya tenido una oportunidad, y una espléndida oportunidad, si alguna vez fue empleado. Él es evaluado en la mente de su superior inmediato desde el día en que comienza a trabajar, y después de un tiempo, si tiene méritos, es evaluado en el consejo de la empresa. Su capacidad, honestidad, hábitos, asociaciones, temperamento, disposición, todo esto es ponderado y analizado. El joven que nunca tuvo una oportunidad es el mismo joven que ha sido evaluado una y otra vez por sus superiores, y ha sido encontrado falto de las cualidades necesarias, o es considerado indigno de relaciones más cercanas con la empresa debido a algún acto, hábito o asociación objetable, del cual pensaba que sus empleadores eran ignorantes.

Otra clase de jóvenes atribuye su fracaso a empleadores con relaciones o favoritos a quienes avanzan injustamente. También insisten en que sus empleadores desprecian inteligencias superiores a las suyas, y se disponen a desalentar el genio aspirante, y se deleitan en mantener a los jóvenes en su lugar. No hay nada de cierto en esto. Al contrario, no hay nadie que sufra tanto por la falta del hombre adecuado en el lugar adecuado, ni tan ansioso por encontrarlo, como el propietario. No hay una sola empresa en Pittsburgh hoy que no esté en constante búsqueda de capacidad empresarial, y todas te dirán que no hay un artículo en el mercado en todo momento tan escaso.

Siempre hay una demanda por cerebros; cultiven esa cosecha, porque si cultivan algo de esa mercancía, aquí está su mejor mercado y no podrán saturarlo, y cuanta más inteligencia tengan para vender, mayor será el precio que podrán exigir. No son una cosecha tan segura como la avena silvestre, que nunca falla en producir una abundante cosecha, pero tienen la ventaja sobre esta en que siempre encuentran un mercado.

No duden en involucrarse en cualquier negocio legítimo, ya que no hay negocio en América, no me importa cuál, que no rinda una ganancia razonable si recibe la atención continua y exclusiva y todo el capital de hombres capaces e industriosos. Cada negocio tendrá su temporada de depresión —siempre vienen años durante los cuales los fabricantes y comerciantes de la ciudad son severamente probados—, años en los que los molinos deben funcionar, no por ganancias, sino con pérdidas, para mantener la organización y los hombres juntos y empleados, y la empresa pueda mantener sus productos en el mercado. Pero, por otro lado, todo negocio legítimo que produce o comercia con un artículo que el hombre requiere está destinado en el tiempo a ser razonablemente rentable, si se gestiona adecuadamente.

Y aquí está la condición primordial del éxito, el gran secreto: concentra tu energía, pensamientos y capital exclusivamente en el negocio en el que estás comprometido. Habiendo comenzado en una línea, resuelve pelear hasta el final en esa línea, liderar en ella; adopta cada mejora, ten la mejor maquinaria y conoce lo más posible sobre tu campo.

Los empresarios que fracasan son aquellos que han dispersado su capital, lo cual significa que también han dispersado sus cerebros. Tienen inversiones en esto, aquello o lo otro, aquí, allá y en todas partes. «No pongas todos tus huevos en una sola canasta» está completamente errado. Yo te digo: «pon todos tus huevos en una sola canasta, y luego vigila esa canasta». Mira a tu alrededor y toma nota; los hombres que hacen eso no suelen fracasar. Es fácil vigilar y llevar una sola canasta. Intentar llevar demasiadas canastas es lo que rompe la mayoría de los huevos en este país. Quien lleva tres canastas debe poner una sobre su cabeza, lo cual es propenso a caer y hacerlo tropezar. Un error muy común del hombre de negocios americano es la falta de concentración.

Para resumir lo que he dicho: Apunta a lo más alto; nunca entres en un bar; no toques el licor, o si lo haces, solo durante las comidas; nunca especules; nunca avales más allá de tu fondo de efectivo sobrante; haz que los intereses de la empresa sean los tuyos; rompe órdenes siempre para salvar a los dueños; concéntrate; pon todos tus huevos en una sola canasta y vigila esa canasta; gasta siempre dentro de los ingresos; y, por último, no seas impaciente, porque, como dice Emerson, «nadie puede privarte del éxito final sino tú mismo».

Felicito a los jóvenes pobres por haber nacido en ese grado antiguo y honorable que les obliga a dedicarse al trabajo arduo. Una cesta llena de bonos es la carga más pesada que un joven puede llevar. Generalmente se tambalea bajo su peso.

En esta ciudad tenemos ejemplos loables de tales jóvenes, quienes han logrado posiciones de primer rango entre nuestros mejores y más útiles ciudadanos. Estos merecen un gran reconocimiento. Pero la gran mayoría de los hijos de los ricos no pueden resistir las tentaciones a las que la riqueza los expone y terminan llevando vidas indignas. Casi preferiría dejarle a un joven una maldición que cargarlo con el todopoderoso dólar.

No es de esta clase de personas de quienes deben temer competencia. Los hijos de los socios no les causarán muchos problemas, pero cuidado con aquellos muchachos más pobres, mucho más pobres que ustedes, cuyos padres no pueden permitirse darles la oportunidad de un curso en este instituto, una oportunidad que debería otorgarles una ventaja decisiva en la vida.

Presten atención a esos chicos que no se desafíen a ustedes en la línea de partida y los sobrepasen en la meta. Tengan cuidado con el joven que debe sumergirse en el trabajo directamente desde la escuela común y que comienza barriendo la oficina. Él es el competidor inesperado al que deberían vigilar de cerca.

El interés común del trabajo y el capital

Un gran filósofo nos ha señalado que en esta vida la recompensa principal, la más alta que podemos obtener, es la adquisición de satisfacciones. Yo he adquirido una gran satisfacción, una de las mayores que he logrado. He tenido el privilegio de ayudar a algunos de mis compañeros de trabajo a ayudarse a sí mismos. La biblioteca que fundé, en Braddock, Pennsylvania., les dará la oportunidad de hacerse más valiosos para sus empleadores y, así, acumular un capital intelectual que no puede ser dañado o depreciado.

Es muy lamentable que la tendencia irresistible de nuestra era, que lleva la manufactura hacia establecimientos inmensos que requieren el trabajo de miles de hombres, haga imposible para los empleadores que residen cerca adquirir ese conocimiento íntimo con los empleados que, bajo el antiguo sistema de fabricación en establecimientos muy pequeños, hacía que la relación entre el patrón y el obrero fuera más placentera para ambos. Cuando los artículos se fabricaban en pequeños talleres por empleadores que solo requerían la asistencia de unos pocos hombres y aprendices, el empleador tenía oportunidades de conocer a cada uno, de llegar a estar bien familiarizado con cada uno y de conocer sus méritos tanto como hombre como trabajador; y, por otro lado, el trabajador, al estar en contacto más cercano con su empleador, inevitablemente sabía más de su negocio, de sus preocupaciones y problemas, de sus esfuerzos por tener éxito y, lo más importante de todo, llegaba a conocer algo de las características del hombre mismo. Todo esto ha cambiado.

Así, los empleados se vuelven más como máquinas humanas, por decirlo así, para el empleador, y el empleador se convierte casi en un mito para sus hombres. Desde todos los puntos de vista, este es un resultado muy lamentable, pero es uno para el que no veo remedio. El libre juego de las leyes económicas está forzando la manufactura de todos los artículos de consumo general cada vez más en manos de unas pocas empresas enormes, para que su costo al consumidor sea menor.

Ya no hay lugar para llevar a cabo la fabricación de tales artículos a pequeña escala; se requieren obras y maquinarias costosas que cuestan millones, ya que la cantidad por tonelada o por yarda de lo que llamamos «cargos fijos» es un factor tan grande en el costo total que si una empresa puede funcionar con éxito o no, en muchos casos depende de si divide estos cargos fijos, que se pueden decir son prácticamente los mismos en un gran establecimiento que en uno pequeño, por mil toneladas por día o por quinientas toneladas por día de producto. De ahí la razón para el aumento continuo año tras año en la producción de sus molinos, no porque el fabricante desee primordialmente aumentar su producto, sino porque la presión de la competencia lo obliga a extensiones que puedan reducir más y más por tonelada o por yarda estos cargos fijos, de los que depende la seguridad de su capital.

Siendo, por lo tanto, imposible que los empleadores de miles lleguen a conocer a sus hombres, si no queremos perder todo sentido de mutualidad entre nosotros, el empleador debe buscar su conocimiento a través de otras formas. Debe expresar su preocupación por el bienestar de aquellos cuyo trabajo depende de su éxito, dedicando parte de sus ganancias a instituciones como esta biblioteca y para la acomodación de organizaciones como las tiendas cooperativas que ocupan el piso inferior de este edificio.

Espero que los empleados, al hacer uso de tales beneficencias, demuestren que a su vez responden a este sentimiento por parte de los empleadores dondequiera que se encuentren. Por medio de estos métodos, podemos esperar mantener en cierta medida el antiguo sentimiento de amabilidad, confianza mutua, respeto y estima que anteriormente distinguía las relaciones entre el empleador y sus trabajadores. Somos más jóvenes que Europa y aún tenemos algo que aprender del viejo continente en este respecto; pero me regocija ver que muchos fabricantes en este país están despertando al sentido de deber hacia sus empleados; y lo que es aún más importante, son las evidencias que encontramos entre nuestros trabajadores de un deseo de establecer sociedades que no pueden sino ser beneficiosas para ellos mismos. Está bien que las personas ayuden a otras, pero el mejor resultado se alcanza cuando las personas demuestran ser capaces de ayudarse a sí mismas.

Otra característica importante, que se puede mencionar, es que en Pittsburgh el trabajo, en general, se paga tan bien que el trabajador puede ahorrar algo cada mes, si solo hace el esfuerzo. Nada puede exceder la importancia de ahorrar parte de sus ganancias. El trabajador que posee su propia casa ya tiene una base segura sobre la cual construir la competencia que le proporcionará comodidad e independencia en la vejez.

He dicho cuán deseable era que hiciéramos todo lo posible para lograr un sentimiento de mutualidad y asociación entre el empleador y el empleado. Créanme, los intereses del Capital y el Trabajo son uno. Es enemigo del Trabajo quien busca enfrentar al Trabajo contra el Capital. Es enemigo del Capital quien busca enfrentar al Capital contra el Trabajo.

He estudiado detenidamente el tema del Trabajo y el Capital durante años, y deseo citar algunos párrafos de un artículo que publiqué hace años:

«La mayor causa de la fricción que prevalece entre el Capital y el Trabajo, la verdadera esencia del problema y el remedio que tengo que proponer para esta desafortunada fricción:»

El problema es que a los empleados no se les paga en ningún momento la compensación adecuada a esa época. Todas las grandes empresas necesariamente mantienen órdenes para seis meses por adelantado y, por supuesto, estas órdenes se toman a los precios vigentes en el momento en que se registran. Las operaciones de este año quizás proporcionen la mejor ilustración de la dificultad.

A finales del año pasado, las láminas de acero para entregas de este año costaban $29 por tonelada en las fábricas. Por supuesto, los molinos aceptaron órdenes libremente a este precio y continuaron aceptándolas hasta que la demanda, que creció inesperadamente, llevó los precios a $35 por tonelada. Ahora, los diversos molinos en América se ven obligados durante los próximos seis meses o más a cumplir órdenes que no promedian $31 por tonelada en las zonas costeras y Pittsburgh, y unos $34 en Chicago. El transporte, el mineral de hierro y los precios de todo tipo han aumentado mientras tanto, y por lo tanto deben operar durante la mayor parte del año con márgenes de beneficio muy reducidos.

Pero los trabajadores, al notar en los periódicos el «gran auge en las láminas de acero», muy naturalmente exigen su parte del incremento, y bajo nuestros arreglos defectuosos entre el Capital y el Trabajo, han asegurado este aumento. Los empleadores, por lo tanto, han dado a regañadientes lo que saben que bajo arreglos adecuados no deberían haber tenido que dar, y ha habido fricción y todavía existe insatisfacción por parte de los empleadores.

Invirtamos este cuadro. El mercado de láminas de acero vuelve a bajar. Los molinos aún tienen seis meses de trabajo a precios por encima del mercado vigente y pueden permitirse pagar a los trabajadores salarios más altos de lo que la situación del mercado justificaría. Pero habiendo sido recientemente gravados con pagos adicionales por mano de obra que no deberían haber pagado, naturalmente intentan reducir los salarios a medida que el precio de las láminas baja, y surge el descontento entre los trabajadores. Tenemos una repetición de las negociaciones y huelgas que han caracterizado el inicio de este año.

En otras palabras, cuando el empleador baja, el empleado insiste en subir, y viceversa. Lo que debemos buscar es un plan por el cual los trabajadores reciban salarios altos cuando sus empleadores reciban precios altos por el producto y, por lo tanto, obtengan grandes beneficios; y, en sentido contrario, cuando los empleadores reciban precios bajos por el producto y, por lo tanto, pequeños o ningún beneficio, los trabajadores reciban salarios bajos.

Si se puede encontrar este plan, empleadores y empleados estarán «en el mismo barco,» regocijándose juntos en su prosperidad y haciendo uso de su fortaleza juntos en la adversidad. No habrá espacio para disputas, y en lugar de un sentimiento de antagonismo habrá un sentimiento de asociación entre empleadores y empleados.

Hay un medio sencillo para producir este resultado, y para su introducción general tanto empleadores como empleados deben dedicar sus energías. Los salarios deberían basarse en una escala móvil en proporción a los precios netos recibidos por el producto mes a mes. Es imposible que el Capital defraude al Trabajo bajo una escala móvil.

Una de las ventajas de la Biblioteca Carnegie en Braddock será que pondrá a su disposición todos los periódicos locales y cada revista comercial, y les ruego a todos que los lean cuidadosamente. Encontrarán muchas declaraciones incorrectas y muchos errores. Estos son inseparables de la prensa, que debe trabajar apresuradamente y reportar incluso rumores. Pero al estudiar los principales periódicos, se puede ver correctamente la tendencia de los asuntos. Los periódicos no les darán una declaración precisa de los precios de los materiales. Los fabricantes tienden a dar una visión demasiado optimista de la situación: informar sobre las ventas más altas realizadas con el fin de mantener los precios y convencer a los clientes de comprar. Probablemente no informarán cuán bajo se han visto obligados a vender para poder enfrentar la competencia y mantener las fábricas funcionando. Sin embargo, una lectura cuidadosa de los periódicos y las revistas comerciales, como he dicho, les permitirá formar una opinión general sobre la tendencia de los eventos en el mundo comercial. Si leen los periódicos hoy, sabrán que, de los trece molinos dedicados a la fabricación de rieles de acero en este país, no más de tres están operando a plena capacidad. Solo uno en todo el oeste está fabricando rieles (North Chicago), y lamento decir que parece probable que incluso ese no podrá operar de manera continua.

La característica más lamentable en todas las disputas entre el trabajo y el capital es que casi nunca es el capital el que logra reducir el precio del trabajo, sino, ¡ay!, es el trabajo el que hiere al trabajo. Miren a su alrededor y vean trabajo pagado un 10, 20, e incluso un 30 por ciento menos en algunos molinos, y en Johnstown y Harrisburg por menos de la mitad de lo que pagamos por trabajo calificado en este distrito; y entonces, en sus corazones, no culpen al capital, sino consideren a los empleadores que lamentan esas reducciones de salarios, que se resisten a ellas y operan durante años a precios más altos, como los mejores amigos del trabajo, aunque al final deben confesar francamente que si quieren dar a sus hombres empleo constante y salvar su capital y fábricas, se ven obligados a pedirles que trabajen a las tarifas obtenidas por sus competidores. El primer empleador que reduce los salarios es el enemigo del trabajo; pero el último empleador en reducir los salarios puede ser el más firme amigo del trabajo. El enemigo fatal del trabajo es el trabajo, no el capital.

El personaje más grande de la vida pública de Gran Bretaña y el amigo más firme de la República en su hora de necesidad, el radical John Bright, una vez fue preguntado cuál era su adquisición más valiosa, y respondió: «El gusto por la lectura». Puedo decir con toda sinceridad, basado en mi propia experiencia, que estoy de acuerdo con ese gran hombre. Muy ansioso por darles el mejor consejo en mi poder, les aconsejo que cultiven el gusto por la lectura. Cuando era un joven en mi adolescencia en Allegheny City, el coronel Anderson, cuya memoria siempre veneraré, que tenía unos pocos cientos de libros, avisó que prestaría esos libros cada sábado por la tarde a chicos y jóvenes. No pueden imaginar con qué ansiedad algunos de nosotros, que aprovechamos esta oportunidad para obtener conocimiento, esperábamos cada sábado por la tarde, cuando podíamos conseguir un libro a cambio de otro. El socio principal conmigo en todos nuestros negocios, el Sr. Phipps, de igual manera, había accedido a los manantiales del conocimiento gracias a este benefactor. Es por experiencia personal que siento que no hay arreglo humano tan poderoso para el bien, no hay beneficio que se pueda conceder a una comunidad tan grande, como aquel que coloca al alcance de todos los tesoros del mundo almacenados en los libros.

Ocasionalmente, incluso en estos días, encontramos vestigios del antiguo prejuicio que existía contra la educación de las masas. No me sorprende que esto exista cuando reflexiono sobre lo que hasta ahora ha pasado por educación. Los hombres han desperdiciado sus años preciosos intentando extraer educación de un pasado ignorante cuyo principal cometido es enseñarnos, no qué adoptar, sino qué evitar. Los hombres han enviado a sus hijos a colegios a desperdiciar sus energías en obtener conocimiento de lenguas como el griego y el latín, que no tienen más utilidad práctica para ellos que el choctaw. He conocido a pocos graduados universitarios que conocieran a Shakespeare o Milton. Podrían ser capaces de contarles todo sobre Ulises o Agamenón o Héctor, pero ¿qué son estos comparados con los personajes que encontramos en nuestros propios clásicos? Un servicio que Russell Lowell ha prestado, por el cual debería ser agradecido, es haber dicho audazmente que solo en Shakespeare tenemos un tesoro mayor que en todos los clásicos de tiempos antiguos.

Han sido adoctrinados con los detalles de escaramuzas pequeñas e insignificantes entre salvajes, y se les ha enseñado a exaltar a una banda de rufianes como héroes; y los hemos llamado «educados». Han sido «educados» como si estuvieran destinados a vivir en algún otro planeta que no sea este. En ningún sentido han recibido instrucción. Al contrario, lo que han obtenido ha servido para inculcarles ideas falsas y para darles un disgusto por la vida práctica. No me sorprende que haya surgido un prejuicio y que todavía exista contra tal educación. En mi propia experiencia, puedo decir que he conocido a pocos jóvenes destinados a los negocios que no hayan sido perjudicados por una educación universitaria. Si hubieran entrado en el trabajo activo durante los años pasados en la universidad, habrían sido hombres mejor educados en todo el sentido verdadero del término. El fuego y la energía se les han extinguido, y cómo manejarse para vivir una vida de ociosidad y no una vida de utilidad se ha convertido en la cuestión principal para ellos. Pero una nueva idea de educación está ahora sobre nosotros.

Hemos comenzado a darnos cuenta de que un conocimiento de la química, por ejemplo, vale más que el conocimiento de todas las lenguas muertas que alguna vez se hablaron; un conocimiento de la mecánica es más útil que todo el aprendizaje clásico que se puede inculcar en los jóvenes en la universidad. ¿Qué puede hacer hoy un joven que sabe griego frente a un joven que sabe taquigrafía o telegrafía, por ejemplo, o contabilidad, o química, o las leyes de la mecánica? No es que se deba subestimar ningún tipo de conocimiento. Todo conocimiento es, en cierto sentido, útil. El punto que deseo resaltar es este: excepto para los pocos que tienen el gusto de un anticuario y que encuentran que su labor en la vida es ahondar entre los polvorientos registros del pasado, y para los pocos que llevan vidas profesionales, la educación impartida hoy en nuestras universidades es una desventaja positiva.

La falta de educación en su verdadero sentido ha hecho más que todas las demás causas combinadas para impedir el reconocimiento universal del trabajo. Recuerdo que el gran presidente, el más grande de todos los gerentes de ferrocarril, Edgar Thomson, después de quien se nombraron estas obras, una vez me pidió que me mudara de Pittsburgh para ser el maestro de maquinaria del Ferrocarril de Pensilvania.

—Bueno, pueden reírse. Y le dije al Sr. Thomson: «Por qué, Sr. Thomson, me asombra. No sé absolutamente nada sobre maquinaria».

—Esa es la razón por la que quiero que te encargues de ello —respondió—. Nunca he conocido a un mecánico con juicio y buen sentido excepto a uno.

Esto fue antes de la época del Capitán Jones, así que no podía referirse al Capitán. Esta falta de juicio en los mecánicos se debía a que, en ese entonces, en este país, no habían recibido una educación integral. Me refiero a la verdadera educación y conocimiento de asuntos y cosas en general, con las que estamos rodeados y con las que tenemos que lidiar. El éxito sin precedentes que ha acompañado el desarrollo de las obras de Bessemer en este país ha surgido de esta causa, por encima de todas las demás, ya que, a diferencia de la fabricación de hierro, ha caído en manos de hombres con gran conocimiento científico. Los servicios de estos hombres son reconocidos en todo el mundo y reciben una compensación que hace unos años se habría considerado enorme, y como consecuencia, han elevado el trabajo mecánico con ellos y han servido para dignificarlo a los ojos del mundo.

«El mecánico», «el ingeniero mecánico», «el gerente de molinos de acero», ahora son títulos de honor. Si quieres hacer del trabajo lo que debería ser, edúcate en conocimiento útil. Esa es la moraleja que enfatizaría. Obtén conocimiento. Cultiva el gusto por la lectura, para que sepas lo que el mundo ha hecho y está haciendo y la dirección de los asuntos.

El valor de la educación que los jóvenes pueden recibir ahora no puede ser subestimado, y es a esta educación, tal como se imparte en las escuelas técnicas, a la que deseo llamar su atención. Hubo un tiempo en que los hombres tenían tan poco conocimiento que era fácil para un hombre abarcarlo todo, y los cursos en las universidades hoy en día dan penosa evidencia de este hecho.

El conocimiento es ahora tan variado, tan extenso, tan minucioso, que es imposible para cualquier hombre conocer a fondo más de una pequeña rama. Esta es la era del especialista; por lo tanto, ustedes, los que tienen que ganarse la vida en este mundo, deben resolver conocer el arte que les brinda sustento, conocerlo a fondo y bien, ser expertos en su especialidad.

Si son mecánicos, entonces estudien en esta biblioteca cada obra relacionada con el tema de la mecánica. Si son químicos, entonces cada obra sobre química. Si están en los altos hornos, entonces cada trabajo sobre el alto horno. Si están en las minas, entonces cada obra sobre la minería. Que ningún hombre conozca más de su especialidad que ustedes mismos. Ese debería ser su objetivo.

Luego, mucho menos importante, pero aún importante para traer dulzura y luz a su vida, asegúrense de leer de manera variada y de saber un poco sobre tantas cosas como el tiempo les permita leer. Así como en su granja el agricultor debe atender primero bien sus papas, su maíz y su trigo, de los cuales obtiene sus ingresos, así también puede dedicar sus horas libres como un trabajo de amor al cultivo de las flores que rodean su hogar. Un dominio para su trabajo y otro para su recreación.

En estos días de transición y de luchas entre el trabajo y el capital, no hay mejor propósito al que puedan dedicar algunas de sus horas libres que al estudio de cuestiones económicas. Hay ciertas grandes leyes que deben ser obedecidas: la ley de la oferta y la demanda, la ley de la competencia, la ley de los salarios y de las ganancias. Todas estas las encontrarán expuestas en los libros de texto, y recuerden que no hay más posibilidad de derrotar la operación de estas leyes que de frustrar las leyes de la naturaleza que determinan la humedad de la atmósfera o la revolución de la Tierra sobre su eje.

El severo estudio de los libros científicos no debe excluir el deber igualmente importante de leer a los maestros de la literatura, y por todos los medios la ficción. La sensación que prevalece en algunos círculos en contra de la ficción es, en mi opinión, solo un prejuicio. Sé que algunos, de hecho la mayoría, de los hombres más eminentes encuentran en una buena obra de ficción uno de los mejores medios de disfrute y descanso. Cuando están exhaustos de mente y cuerpo, y especialmente de mente, nada les resulta tan beneficioso como leer una buena novela. No es una desventaja de las bibliotecas públicas que la mayoría de las obras leídas sean de ficción. Al contrario, es dudoso que cualquier otra forma de literatura sirviera tan bien al importante objetivo de sacar a los hombres trabajadores de los deberes prosaicos y rutinarios de la vida. Las obras de Scott, Eliot, Dickens, Hawthorne y otros de la misma clase no deben ser consideradas por debajo de cualquier otra forma de literatura para los trabajadores.

Todos ustedes saben cuánto ha avanzado la ciencia de la manufactura gracias a las mejoras e invenciones que deben su primera sugerencia al propio trabajador. Ahora observen este importante hecho: estas mejoras e invenciones provienen de los educados —educados en el verdadero sentido— y nunca del trabajador ignorante. Deben provenir, y de hecho provienen, de aquellos que son, en su especialidad, hombres con más conocimiento que sus compañeros. Si no han leído, entonces han observado, que es la mejor forma de educación.

El hecho importante es que deben saber; cómo se adquiere el conocimiento, no importa. El hecho de que saben más sobre un problema que sus compañeros y son capaces de sugerir la solución o mejora es lo que tiene valor para ellos y para su empleador. No hay medio tan seguro para permitir al trabajador ascender a la jefatura, gerencia y finalmente a la asociación como el conocimiento de todo lo que se ha hecho y se está haciendo en el mundo hoy en día en el departamento especial en el que trabaja. Desde el más alto hasta el más bajo, se brinda un mejor grado de servicio por el hombre inteligente que por el hombre ignorante. Su conocimiento siempre es útil, y ya sea que tenga conocimiento el director que supervisa, o el hombre que solo maneja una pala, tienes en él un empleado valioso en proporción a su conocimiento, todo lo demás siendo igual.

En el curso de mi experiencia como fabricante, sé que nuestra empresa ha cometido muchos errores por descuidar una simple regla: «nunca emprender nada nuevo hasta que tus gerentes hayan tenido la oportunidad de examinar todo lo que se ha hecho en el mundo en ese departamento». El descuido de esto nos ha costado muchos cientos de miles de dólares, y nos hemos vuelto sabios. Ahora digo aquí al hombre que tiene la ambición de aprender, que, quizás, piensa que tiene alguna mejora en mente, aquí en las salas de esta biblioteca hay, o espero pronto habrá, la experiencia del mundo entero sobre ese tema a su disposición hasta una fecha reciente.

En cualquier cuestión de mecánica, cualquier cuestión de química, cualquier cuestión de práctica de hornos, encontrarán los registros del mundo a su disposición aquí. Si están en el camino equivocado, estos libros se lo dirán; si están en el camino correcto, se lo dirán; si están en el camino correcto, les brindarán aliento. Pueden recorrer sala tras sala en la oficina de patentes en Washington, y ver miles de modelos de invenciones que abarcan todas las ramas de la industria humana, y noventa y nueve de cada cien nunca habrían sido colocados allí si el inventor ignorante hubiera tenido a su disposición las facilidades que ustedes tendrán en esta biblioteca.

He oído a algunos empleadores decir que existía un gran peligro de que las masas pudieran llegar a estar demasiado bien educadas para contentarse con sus ocupaciones útiles y necesarias. Me ha costado un esfuerzo escuchar esta doctrina con paciencia. Es completamente errónea; la contradigo sin reservas. Los problemas entre el capital y el trabajo son directamente proporcionales a la ignorancia del empleador y la ignorancia del empleado. Cuanto más inteligente sea el empleador, mejor; y cuanto más inteligente sea el empleado, mejor. Nunca es la educación, nunca es el conocimiento lo que produce conflicto. Siempre es la ignorancia por parte de una u otra de las dos fuerzas. Desde una experiencia no insignificante, hago esta afirmación: el capital ignora las necesidades y los derechos justos del trabajo, y el trabajo ignora las necesidades y los peligros del capital. Esa es la verdadera causa de fricción entre ellos. Más conocimiento por parte del capital sobre las buenas cualidades de aquellos que le sirven, y algo de conocimiento por parte de los trabajadores sobre las leyes económicas que mantienen al capitalista bajo su control implacable, eliminaría la mayoría de las dificultades que surgen entre estas dos fuerzas, que son indispensablemente necesarias la una para la otra. Espero que aquellos de nuestros trabajadores que poseen ese premio inestimable, el gusto por la lectura, se esfuercen en estudiar cuidadosamente algunas de las leyes fundamentales de las que no hay escape, ni para el capital ni para el trabajo. Si esta biblioteca contribuye en alguna medida a difundir conocimiento en este ámbito, habrá justificado su existencia.

Confío en que no olvides la importancia de los entretenimientos. No se debe tomar la vida demasiado en serio. Es un gran error pensar que el hombre que trabaja todo el tiempo es el que gana la carrera. Ten tus distracciones. Aprende a jugar bien al whist o a las damas, o a jugar bien al billar. Interésate en el béisbol o en el cricket, o en los caballos, en cualquier cosa que te proporcione un disfrute inocente y te alivie de la tensión habitual. No hay nada mejor que una buena carcajada. Atribuyo la mayor parte de mi éxito en la vida al hecho de que, como dicen mis socios con frecuencia, los problemas se escurren de mi espalda como el agua de un pato. Hay una cita poética de Shakespeare que es aplicable. Es «llevar tus problemas como llevas tus ropas, sin preocuparte demasiado».

Muchos hombres podrían haber sido grandes y exitosos en esta vida si el mundo los hubiera valorado al nivel en que ellos se valoraban a sí mismos.

Esta clase de personas son víctimas de una alucinación. Nadie en el mundo desea limitar la capacidad. Todos en el mundo tienen una mano extendida hacia ella. Cada empleador estudia a los jóvenes a su alrededor, con el deseo más ferviente de encontrar a alguien con habilidades excepcionales. Nada en el mundo es tan deseable y beneficioso para él como una persona así. Cada gerente en las obras está listo para aprovechar y utilizar a la persona que puede hacer algo valioso. Cada capataz quiere tener bajo su mando a hombres capacitados en los que pueda confiar y cuyas habilidades le traen crédito, porque la prueba máxima de la capacidad de un gerente no es él mismo, sino los hombres con los que puede rodearse. Estos libros en los estantes les contarán la historia del ascenso de muchos hombres desde nuestras propias filas. No es el educado, o el llamado hombre clásicamente educado, no es la aristocracia, no son los monarcas los que han dirigido los destinos del mundo, ya sea en el campamento, el consejo, el laboratorio o el taller. Las grandes invenciones, las mejoras, los descubrimientos en ciencia, las grandes obras en literatura han surgido de las filas de los pobres. Apenas se puede nombrar una gran invención o un gran descubrimiento, apenas se puede nombrar un gran cuadro, una gran estatua, una gran canción o una gran historia, ni nada grande que no haya sido producto de hombres que comenzaron como ustedes ganándose la vida honestamente con trabajo honrado.

Y, créanme, el hombre a quien el capataz no aprecia, el capataz a quien el gerente no aprecia, y el gerente a quien la empresa no aprecia, debe encontrar la falla no en la empresa, ni en el gerente, ni en el capataz, sino en sí mismo. No puede ofrecer el servicio que es tan invaluable y tan ansiosamente buscado. No hay nadie que no pueda elevarse a la posición más alta, ni hay nadie que, por falta de las cualidades adecuadas o la falta de ejercerlas, no pueda hundirse hasta lo más bajo. Los empleados tienen oportunidades de ascender a trabajos superiores, de convertirse en capataces, en superintendentes, e incluso de llegar a ser socios y presidentes en nuestra empresa, si demuestran poseer las cualidades requeridas. Nunca deben temer ser prescindidos. Somos nosotros quienes tememos que las habilidades de tales hombres puedan perderse para nosotros.

Es sumamente gratificante saber que las horas de trabajo se están reduciendo gradualmente en todo el país: ocho horas para trabajar, ocho horas para jugar, ocho horas para dormir, parece la división ideal. Si pudiéramos establecer por ley que todas las empresas manufactureras que operan día y noche utilicen tres turnos, sería muy deseable. Saben que intentamos hacer esto durante varios años a un costo de algunos cientos de miles de dólares, pero finalmente fuimos obligados por nuestros competidores a abandonar la lucha. El mejor plan, quizá, es lograr esto gradualmente a través de leyes estatales. Ninguna empresa puede hacer mucho por sí sola. Todos sus competidores en varios estados deben estar obligados a hacer lo mismo, porque en nuestros días las ganancias son tan reducidas que ninguna empresa puede funcionar salvo bajo condiciones similares a las de sus competidores. Por lo tanto, es necesario que se aseguren leyes obligatorias para todos. Estaríamos encantados de apoyar una ley así; pero, aun en las condiciones actuales, si los trabajadores utilizan bien el tiempo que tienen a su disposición, pronto ascenderán a puestos más altos. No es necesario trabajar doce horas durante mucho tiempo; la mayoría de nosotros hemos trabajado más de doce horas en nuestra juventud.

El trabajador de hoy tiene muchas ventajas sobre sus predecesores. Una escala móvil para su trabajo lo clasifica más alto que antes como hombre y como ciudadano. La proporción de los ingresos conjuntos de capital y trabajo que se da al trabajo nunca ha sido tan grande y está en constante aumento; los ingresos del capital nunca han sido tan bajos. Espero que el futuro agregue muchas más ventajas y que la marcha laboriosa que el trabajo ha tenido que hacer en su camino desde la servidumbre, cuando nuestros antepasados eran comprados y vendidos con las minas y fábricas donde trabajaban, hasta su condición actual, aún no haya terminado, sino que esté destinada a continuar y a llevar a otros resultados importantes para el beneficio y la dignidad del trabajo.

La frugalidad como un deber

La frugalidad es evidencia de civilización. Ahorrar es uno de los más altos deberes de la ciudadanía. La acumulación de bienes es un deber; la adquisición de una vasta riqueza no es una virtud sino una gran responsabilidad.

La importancia del tema se sugiere con el hecho de que el hábito de la frugalidad constituye una de las mayores diferencias entre el salvaje y el civilizado. Una de las diferencias fundamentales entre la vida salvaje y la vida civilizada es la ausencia de frugalidad en una y la presencia de ella en la otra. Cuando millones de hombres ahorran un poco de sus ganancias diarias, estas pequeñas sumas combinadas forman una cantidad enorme, que se llama capital y sobre la cual tanto se escribe. Si los hombres consumieran cada día de cada semana todo lo que ganan, como lo hace el salvaje, por supuesto, no habría capital, es decir, no habría ahorros acumulados para uso futuro.

Ahora, veamos qué hace el capital en el mundo. Consideremos qué hacen los constructores de barcos cuando tienen que construir grandes navíos. Estas empresas emprendedoras se ofrecen a construir un galgo oceánico por, digamos, £500,000, que se pagarán solo cuando el barco se entregue tras pruebas satisfactorias. ¿De dónde o cómo obtienen los constructores esta suma de dinero para pagar a los trabajadores, al comerciante de madera, al fabricante de acero y a todas las personas que proporcionan el material para la construcción del barco? Lo obtienen de los ahorros de los hombres civilizados. Es parte del dinero ahorrado para inversión por los millones de personas industriosas. Cada hombre, con frugalidad, ahorra un poco, coloca el dinero en un banco, y el banco se lo presta a los constructores de barcos, quienes pagan intereses por su uso. Lo mismo ocurre con la construcción de una fábrica, un ferrocarril, un canal o cualquier obra costosa. No podríamos tener nada más de lo que el salvaje tenía, excepto gracias a la frugalidad.

Por lo tanto, la frugalidad está principalmente en la base de toda mejora. Sin ella, no habría ferrocarriles, ni canales, ni barcos, ni telégrafos, ni iglesias, ni universidades, ni escuelas, ni periódicos; no podríamos tener nada costoso. El hombre debe ejercer la frugalidad y ahorrar antes de poder producir algo material de gran valor. No se construyó nada, no se hizo un gran progreso, mientras el hombre siguiera siendo un salvaje sin frugalidad. El hombre civilizado no tiene un deber más claro que, desde una temprana edad, mantener en mente la necesidad de proveer para su futuro y el de aquellos que dependen de él. Hay pocas reglas más saludables que aquella seguida por la mayoría de los hombres sabios y buenos, a saber, «que los gastos deben ser siempre menores que los ingresos». En otras palabras, uno debe ser un hombre civilizado, ahorrando algo, y no un salvaje, consumiendo cada día todo lo que ha ganado.

El gran poeta Burns, en su consejo a un joven, dice:

«Cazar a la Fortuna sonriente,
Diligente en su servicio:
Y reunir bienes por cada medio
Justificado por el honor.
No para esconderlo en un seto,
No para una larga comitiva;
Sino por el privilegio glorioso
De ser independiente».

Ese es un buen consejo, hasta donde llega, y espero que el lector lo tome en serio y lo adopte. Ninguna persona orgullosa y respetuosa de sí misma puede ser realmente feliz, ni siquiera estar satisfecha, si tiene que depender de otros para sus necesidades básicas. Quien depende no ha alcanzado la plena medida de la hombría y difícilmente puede contarse entre los ciudadanos dignos de la república. La seguridad y el progreso de nuestro país no dependen de los hombres altamente educados, ni de los pocos millonarios, ni del número mayor de los extremadamente pobres, sino de la masa de trabajadores sobrios, inteligentes, industriosos y ahorradores, que no son ni muy ricos ni muy pobres.

Por lo general, encontrarán que el hombre ahorrador es un hombre temperante, un buen esposo y padre, un ciudadano pacífico y obediente a la ley. Además, no es necesario ahorrar grandes cantidades. Es sorprendente lo poco que se necesita para cubrir las verdaderas necesidades de la vida. Una casita pagada y unos pocos cientos de libras —muy pocos— hacen toda la diferencia. Estos son más fáciles de adquirir para las personas frugales de lo que uno podría suponer. La gran riqueza es otro asunto y mucho menos deseable. No es el objetivo de la frugalidad, ni el deber de los hombres, adquirir millones. No es una virtud en ningún sentido fijarse esto como un fin. El deber de ahorrar termina cuando se ha apartado suficiente dinero para proveer cómodamente a los que dependen de nosotros. Acumular millones es avaricia, no frugalidad.

Por supuesto, bajo nuestras condiciones industriales, es inevitable que unos pocos, muy pocos hombres, encuentren que el dinero les llega mucho más allá de sus necesidades. La acumulación de millones suele ser el resultado de la empresa y el juicio, y de alguna habilidad excepcional para la organización. No proviene de ahorros en el sentido ordinario de la palabra. Los hombres que en la vejez se esfuerzan solo por aumentar sus ya grandes acumulaciones son generalmente esclavos del hábito de acumular formado en su juventud. Al principio, poseen el dinero que han hecho y ahorrado. Más tarde en la vida, el dinero los posee a ellos, y no pueden evitarlo, tan abrumadora es la fuerza del hábito, ya sea para bien o para mal. Es el abuso del instinto de ahorro civilizado, y no su uso, lo que produce esta clase de hombres.

Nadie debe temer caer víctima de este abuso del hábito si siempre tiene en mente que cualquier riqueza excedente que pueda llegar a él debe ser considerada como una confianza sagrada, que está obligado a administrar para el bien de sus semejantes. El hombre debe ser siempre el amo. Debe mantener el dinero en la posición de un sirviente útil. Nunca debe permitir que el dinero lo domine y lo convierta en un avaro.

El primer deber de un hombre es adquirir una competencia y ser independiente. Pero su deber no termina aquí. También es su deber hacer algo por sus vecinos necesitados, que son menos favorecidos que él. Es su deber contribuir al bien general de la comunidad en la que vive. Ha sido protegido por sus leyes. Debido a que ha sido protegido en sus diversas empresas, ha podido ganar suficiente dinero para sus necesidades y las de su familia. Todo lo que excede esto pertenece justamente al poder protector que lo ha amparado y le ha permitido alcanzar el éxito pecuniario. Tratar de hacer el mundo de alguna manera mejor de lo que lo encontraste es tener un motivo noble en la vida. Tu riqueza excedente debe contribuir al desarrollo de tu propio carácter y colocarte en las filas de los nobles de la naturaleza.

Es un deber entender cuán importante es, y cuán claro es tu deber, formar el hábito de la frugalidad. Cuando empieces a ganar, siempre ahorra una parte de tus ganancias, como un hombre civilizado, en lugar de gastar todo, como el pobre salvaje.

Cómo hacer una fortuna

El trabajo se divide en dos grandes ejércitos: el agrícola y el industrial. En estos operan fuerzas diversas. En el primero, todo tiende a una mayor distribución de la tierra entre muchos; en el segundo, todo tiende a una concentración de los negocios en manos de unos pocos.

Una de las dos grandes falacias sobre las que se basa «Progreso y Pobreza» — el libro del Sr. George — es que la tierra está cada vez más concentrada en manos de unos pocos. Ahora bien, la única fuente de la cual el Sr. George podría obtener información correcta sobre este punto es el censo, y este nos dice que en 1850 la extensión promedio de las granjas en los Estados Unidos era de 203 acres; en 1860, 199 acres; en 1870, 153 acres, y que en 1880 se redujo aún más a 134 acres.

La razón de esta rápida distribución de la tierra es obvia. El agricultor que cultiva una pequeña granja con su propio trabajo es capaz de sacar del campo al ambicioso capitalista que intenta trabajar a gran escala con el trabajo de otros. En Gran Bretaña, nada ha sido más significativo que los cultivadores de pequeñas granjas han atravesado la depresión agrícola mucho mejor que aquellos que cultivaban grandes granjas.

Así que en ambos países tenemos pruebas de que, bajo el libre juego de leyes equitativas, la tierra está siendo cada vez más dividida entre las masas del pueblo. En todo el rango de cuestiones sociales, ningún hecho es más importante que este, y nada da mayor satisfacción al estudiante reflexivo. El triunfo del pequeño propietario sobre el gran propietario asegura el crecimiento y mantenimiento de ese elemento en la sociedad del cual la civilización puede depender más seguramente, pues no hay fuerza en una nación tan conservadora de lo bueno, tan justa y virtuosa, como una raza de hombres que cultiva la tierra que poseen.

Afortunadamente para la humanidad, la experiencia demuestra que el hombre no puede trabajar más tierra de manera rentable que la que puede labrar él mismo con la ayuda de su propia familia.

Cuando nos volvemos hacia el otro ejército del trabajo — el industrial — debemos confesar que está regido por una ley opuesta, la cual tiende a concentrar la manufactura y los negocios en general en unos pocos grandes establecimientos.

La caída en los precios de los artículos manufacturados ha sido sorprendente. Nunca antes los principales artículos de consumo estuvieron tan baratos como lo están hoy. Este proceso de abaratamiento solo es posible mediante la concentración. Encontramos que una compañía produce 1,700 relojes por día, y los relojes se venden por unos pocos dólares cada uno. Tenemos fábricas que producen muchos miles de yardas de calicó al día, y este artículo indispensable se puede obtener por unos pocos centavos la yarda.

Los fabricantes de acero producen 2,500 toneladas por día, y cuatro libras de acero terminado se venden por 5 centavos. Y así sucesivamente en toda la gama de industrias. Si se dividieran las grandes fábricas en establecimientos más pequeños, se descubriría que sería imposible fabricar algunos de los artículos, ya que el éxito del proceso a menudo depende de su operación a gran escala, mientras que el costo de los artículos que podrían producirse en establecimientos pequeños sería dos o tres veces su precio actual.

No parece haber ninguna fuerza que contrarreste esta ley de concentración en el mundo industrial. Al contrario, las fuerzas activas parecen demandar una producción o rotación cada vez mayor de cada establecimiento para que se alcance el costo mínimo. De ahí proviene el rápido y continuo aumento del capital de las empresas manufactureras y comerciales, acumulando a veces cinco, diez, quince e incluso veinte millones en una sola corporación.

Esto ha dado lugar a una queja que se escucha a menudo, pero que espero demostrar que no tiene fundamento. El joven práctico señala estas condiciones y se dice a sí mismo: «Ya no es posible que nuestra clase sin capital ascienda más allá de la posición de empleados con salario. Hay un obstáculo en el camino que lleva a comandar de manera independiente o a asociarse, y ese obstáculo son los enormes establecimientos ya existentes, que representan una barrera infranqueable para nuestro avance». El hombre comprometido en el ejército agrícola, como hemos visto, no tiene nada que temer del capital. Con una pequeña suma, que no le es muy difícil ahorrar o pedir prestada, puede comenzar a cultivar, y la única competencia con la que tiene que lidiar es la de otros de su misma clase en una situación similar. Ciertamente, es más difícil para un mecánico o un hombre práctico establecer un nuevo negocio, o conseguir una sociedad en uno ya existente, que para el joven agricultor iniciar su actividad; sin embargo, las dificultades no son insuperables, ni mayores de lo que han sido hasta ahora. No son tales que no estimulen a los ambiciosos; y siempre hay que tener en cuenta que, si la carrera en el mundo industrial y de negocios es más difícil de ganar, el premio es infinitamente mayor.

Antes de considerar las perspectivas del mecánico en el ámbito industrial y del empleado en el ámbito comercial y financiero, permítanme destacar que estas dos clases han sido fundamentales en el establecimiento de las principales fábricas, negocios e instituciones financieras en los Estados Unidos.

Por ejemplo, en el ámbito industrial: Baldwin Works produce locomotoras; Westinghouse, equipos eléctricos; y la compañía Singer, máquinas de coser. En el ámbito comercial: Harper Brothers es un destacado editor; y Studebakers, conocidos por sus carretas.

Estos ejemplos muestran cómo los mecánicos y empleados han sido cruciales en la creación y el éxito de muchas de las instituciones más reconocidas del país.

Muchas de las grandes empresas fueron fundadas y gestionadas por personas que comenzaron como aprendices en oficios o como empleados de oficina. Por ejemplo, Edison era operador de telégrafos; Corliss, de la máquina Corliss; Cheney, de la seda Cheney; Roebling, famoso por el alambre; y Spreckels, en el refinado de azúcar, todos empezaron como chicos pobres con una aptitud natural.

En los sectores mercantiles, comerciales y financieros, el empleado humilde a menudo asciende al éxito. Grandes casas comerciales como Claflins, Jaffrays, Sloans, Lords, Taylors, Phelps, Dodges, Jordan & Marsh en Boston, Field en Chicago, Barr en San Luis, Wanamaker en Filadelfia, y muchas otras, fueron creadas por personas que comenzaron con poco. Nombres como Wanamaker, Claflin, Jordan, Lord, Field, Barr y otros empezaron como chicos de tienda, y Phelps y Dodge como empleados.

En el ámbito bancario y financiero, muchos líderes como Stanfords, Rockefellers, Goulds, Sages, Fields, Dillons, Seligmans, Wilsons y Huntingtons, también comenzaron desde abajo. Un banquero de Nueva York me proporcionó una lista de treinta y seis presidentes, vicepresidentes y cajeros de grandes bancos que empezaron como empleados humildes, incluyendo nombres conocidos como Williams, presidente del Chemical Bank; Watson y Lang, del Bank of Montreal; Tappen, presidente del Gallatin National; y otros destacados líderes bancarios.

La ausencia de graduados universitarios en esta lista debe ser profundamente considerada. He inquirido y buscado en todas partes, pero encuentro pequeños rastros de ellos como líderes en los negocios, aunque no pocas veces ocupan posiciones de confianza en instituciones financieras. Y esto no es sorprendente. Los que obtienen los premios tienen demasiados años de ventaja sobre el graduado; han ingresado a la carrera invariablemente en su adolescencia, en los años más valiosos para el aprendizaje, de catorce a veinte; mientras el estudiante universitario ha estado aprendiendo un poco sobre las disputas bárbaras y mezquinas de un pasado muy distante, o tratando de dominar lenguas que están muertas, conocimientos que parecen adaptados para la vida en otro planeta en lugar de este, en lo que respecta a los asuntos comerciales; el futuro capitán de la industria está intensamente comprometido en la escuela de la experiencia, obteniendo el conocimiento exacto necesario para sus futuras victorias.

No hablo del efecto de la educación universitaria sobre los jóvenes que se preparan para las profesiones liberales, para las cuales es, hasta cierto punto, casi indispensable en nuestra época para el joven promedio, pero la casi total ausencia del graduado de posiciones altas en el mundo de los negocios parece justificar la conclusión de que la educación universitaria tal como existe parece casi fatal para el éxito en ese ámbito. Cabe señalar que los funcionarios asalariados no están en un sentido estricto en los negocios; un capitán de la industria es alguien que pone todo en su negocio y depende del éxito para su compensación. Es en este campo donde el graduado tiene pocas oportunidades, ingresando a los veinte años, contra el chico que barría la oficina, o que comienza como encargado de envíos a los catorce. Los hechos prueban esto. Hay algunos casos de hijos de empresarios, graduados de universidades, que se dedican a una vida de negocios y tienen éxito en gestionar un negocio ya creado, pero incluso estos son pocos en comparación con aquellos que fracasan en mantener la fortuna recibida.

Sin embargo, en los últimos años, han surgido las escuelas politécnicas y científicas, o programas de estudio para jóvenes, que están comenzando a mostrar frutos muy valiosos en la rama manufacturera.

El mecánico capacitado del pasado, que ha llevado hasta ahora la mayoría de los honores en nuestras obras industriales, ahora se enfrentará a un rival en el joven educado científicamente, quien lo desafiará, y de manera muy intensa. Tres de las mayores empresas de manufactura de acero en el mundo ya están bajo la gestión de tres jóvenes educados: estudiantes de estas escuelas que dejaron la teoría en la escuela para pasar a la práctica en las obras mientras aún eran adolescentes. Walker, de la Illinois Steel Company, Chicago; Schwab, de las Edgar Thomson Works; y Potter, de las Homestead Steel Works, Pittsburgh, son ejemplos de este nuevo producto; ninguno de ellos supera los treinta años.

La mayoría de los jefes de departamento bajo su dirección son de la misma clase. Estos jóvenes educados tienen una ventaja importante sobre el mecánico aprendiz; están abiertos de mente y no tienen prejuicios. La actitud científica, la del buscador de la verdad, los hace receptivos a nuevas ideas. Por mucho que el mecánico en activo haya sido, sea y siempre será valioso e invaluable, es propenso a adoptar puntos de vista estrechos sobre los asuntos, ya que generalmente alcanza el poder en una edad avanzada.

Con el joven capacitado científicamente es diferente; él no tiene prejuicios y se inclina por la última invención o el método más nuevo, sin importar si fue descubierto por otro. Adopta el plan que superará los récords y descarta sus propios dispositivos o ideas, algo que el superintendente mecánico de oficio rara vez se deja inducir a hacer.

Por lo tanto, nadie debe subestimar la ventaja de la educación; solo que debe ser una educación adaptada al objetivo en mente, y debe ofrecer instrucción relevante para la carrera de un hombre si se quiere que tenga éxito en alcanzar la fortuna.

Así que, en las ramas financieras, comerciales y mercantiles del negocio, al igual que en la manufactura, no debemos preguntar qué lugar ocupan el mecánico educado y los hombres prácticos, sino qué han dejado estos dos tipos para los demás en todo el mundo de los negocios. Muy poco, en verdad, han dejado.

En el ámbito industrial, el mecánico capacitado es el fundador y gestor de firmas prominentes. En los sectores mercantil, comercial y financiero, es el pobre chico de oficina quien ha demostrado ser el príncipe mercante disfrazado, quien seguramente llega a su herencia. Ellos son las clases ganadoras. Son el empleado pobre y el mecánico trabajador quienes finalmente gobiernan en cada rama de los asuntos, sin capital, sin influencia familiar y sin educación universitaria. Son ellos quienes han ascendido a la cima y tomado el mando, quienes han abandonado posiciones asalariadas y han arriesgado todo audazmente en la fundación de un negocio.

Por lo general, los graduados universitarios se encuentran bajo nóminas, como subordinados de confianza. Ni el capital, ni la influencia, ni la educación universitaria, ni todos combinados han demostrado ser capaces de competir exitosamente en los negocios contra la energía y la voluntad indomable que brotan de la pobreza conquistadora. No quiero que se interprete lo que aquí se dice como una tendencia a demeritar o menospreciar la educación universitaria; aclaro que mis palabras están dirigidas a los pobres jóvenes afortunados que tienen que ganarse la vida. Para aquellos que pueden permitirse obtener un título universitario y tienen los medios suficientes para asegurar su sustento, el autor es el último en aconsejar su rechazo; comparado con esto, todas las ganancias pecuniarias del multimillonario son insignificantes.

Para la juventud pobre, ganar una competencia es un deber, y el deber cumplido vale incluso más que la educación universitaria, aunque esta sea valiosa. La educación liberal otorga al hombre que realmente la absorbe gustos y objetivos más elevados que la adquisición de riqueza, y un mundo para disfrutar en el que el mero millonario no puede entrar; por lo tanto, encontrar que esta no es la mejor formación para los negocios es probar su reivindicación a un dominio más elevado. La verdadera educación puede obtenerse fuera de las escuelas; el genio no es una planta indígena en los bosques académicos, sino una flor silvestre que se encuentra en los bosques por sí misma, sin necesidad de cuidados por parte de la sociedad. Sin embargo, el hombre promedio necesita universidades.

¿Desaparecerán las corporaciones?

La ley que concentra las industrias líderes y los asuntos comerciales, mercantiles y financieros en unas pocas grandes fábricas o firmas contiene en sí misma otra ley no menos imperiosa. Estas enormes empresas no pueden ser dirigidas con éxito por empleados asalariados. Ningún gran negocio de ningún tipo puede alcanzar un éxito inusualmente brillante y permanente que no esté en manos de hombres prácticos con un interés pecuniario en sus resultados.

En el mundo industrial, los días de las corporaciones parecen estar llegando a su fin. He tenido que observar de cerca durante la mayor parte de mi vida las operaciones de grandes establecimientos propiedad de cientos de capitalistas ausentes y dirigidos por funcionarios asalariados. En contraste con estos, creo que la sociedad conducida por hombres vitalmente interesados y propietarios de las obras producirá dividendos satisfactorios, mientras que la corporación se ve en apuros y apenas sabe de qué lado estará el saldo al final de las operaciones de un año.

Las grandes casas de textiles que interesan a sus hombres más capacitados en las ganancias de cada departamento tienen éxito, mientras que aquellas que intentan funcionar solo con hombres asalariados fracasan. Incluso en la gestión de nuestros grandes hoteles, se ha comprobado que es prudente tomar como socios a los hombres principales. En todas las ramas de los negocios, esta ley está en funcionamiento, y las empresas son prósperas, en términos generales, en la medida en que logran interesar en los beneficios a una proporción cada vez mayor de sus trabajadores más capaces.

La cooperación en esta forma está llegando rápidamente a todos los grandes establecimientos. El negocio de manufactura que no cuenta con socios manufactureros prácticos haría bien en subsanar esta omisión sin demora, y probablemente los hombres que requiere son los jóvenes mecánicos brillantes que se han destacado mientras trabajaban por unos pocos dólares al día o los jóvenes egresados de las escuelas politécnicas.

Constantemente ocurren casos donde la corporación, al no querer interesar a un prometedor hombre práctico, pierde sus servicios y ve cómo un fabricante individual o una firma comercial hábil le otorgan un interés. No ha sido hasta ahora la práctica de las corporaciones recompensar adecuadamente a estos gerentes en embrión, pero esto deberán hacer si desean competir con empresas operadas por aquellos interesados en los beneficios.

Por otro lado, las corporaciones tienen una ventaja. Sus acciones se venden libremente. Si un trabajador desea interesarse en alguna rama de la manufactura en América hoy, el camino es fácil. Con $50 a $100 puede convertirse en accionista. Cada vez es más común que los trabajadores inviertan sus ahorros de esta manera. Hay muchas corporaciones bien gestionadas cuyos activos y prestigio les permiten obtener rendimientos satisfactorios, y ninguna mejor prueba de capacidad y buen juicio puede dar un trabajador a sus empleadores que aquella proporcionada por la presencia de su nombre en los libros como accionista de la empresa.

Los trabajadores tienen un prejuicio contra mostrar a sus empleadores que los salarios que ganan son suficientes para permitirles ahorrar, pero esto es un error. El trabajador ahorrador es el trabajador valioso, y el empleador sabio considera el hecho de que ahorra como prueba de que hay algo excepcionalmente valioso en él.

Debe ser el esfuerzo de cada corporación inducir a sus principales trabajadores a invertir sus ahorros en sus acciones. Solo de esta manera pueden las corporaciones esperar competir con éxito con los fabricantes individuales que ya han descubierto uno de los secretos valiosos del éxito inusual, a saber: compartir sus ganancias con aquellos que son más instrumentales en producirlas.

El día del capitalista accionista ausente, que no tiene interés en la operación de las fábricas más allá de la recepción de su dividendo, está ciertamente pasando. El día del trabajador activo valioso en el mundo industrial está llegando.

Por lo tanto, que ningún joven trabajador práctico se desaliente. Al contrario, que se anime. Cada vez es más fácil para el mecánico o el hombre práctico de habilidad real dictar términos a sus empleadores. Donde había una avenida de promoción, ahora hay una docena.

La enorme preocupación del futuro es dividir sus ganancias, no entre cientos de capitalistas ociosos que no contribuyen nada a su éxito, sino entre cientos de sus empleados más capaces, de cuyas habilidades y esfuerzos depende en gran medida el éxito. El accionista capitalista ausente debe ser reemplazado por el trabajador capaz y presente.

En cuanto a las cualificaciones necesarias para la promoción de jóvenes hombres prácticos, no se puede hacer mejor que citar a George Eliot, quien presentó el asunto de manera muy concisa: «Te diré cómo me fue bien. Mantuve mis oídos y mis ojos abiertos, e hice que el interés de mi patrón fuera el mío propio».

La condición previa para la promoción es que el hombre debe atraer primero la atención. Debe hacer algo inusual, y especialmente debe ser esto más allá del estricto límite de sus deberes. Debe sugerir, ahorrar o realizar algún servicio para su empleador que no podría ser censurado por no haber hecho. Cuando así haya atraído la atención de su superior inmediato, ya sea solo el capataz de una cuadrilla, no importa; el primer gran paso se ha dado, pues de su superior inmediato depende la promoción. Cuán alto suba es asunto suyo.

A menudo escuchamos a hombres quejarse de que no tienen la oportunidad de mostrar su capacidad, y cuando la muestran, no es reconocida. Hay muy poco de verdad en esto. El interés propio obliga al superior inmediato a darle el puesto más alto bajo su mando al hombre que mejor pueda ocuparlo, porque al oficial se le atribuye el trabajo de su departamento en su conjunto.

Ningún hombre puede mantener a otro abajo. Se notará que muchos de los hombres prácticos que han ganado fama y fortuna lo han hecho gracias a mejoras que han realizado y mantenido. Las mejoras son fácilmente logradas por hombres prácticos en la rama en la que se encuentran, ya que tienen el conocimiento más íntimo de los problemas a resolver allí. Es de esta manera que muchas de nuestras valiosas mejoras han surgido.

El hombre que ha realizado una mejora debe siempre tener en mente obtener un interés en el negocio en lugar de un aumento de salario. Incluso si el negocio hasta este momento no ha sido muy próspero, si tiene la materia adecuada en él, cree que podría hacerlo prosperar, y así podría hacerlo. Todas las formas de negocio tienen sus altibajos. Las temporadas de depresión y de auge se suceden, un año de grandes ganancias, varios años con pocas o ninguna. Esta es una ley del mundo de los negocios, en cuyas razones no necesito entrar.

Por lo tanto, el joven hombre práctico y capaz no debe preocuparse mucho por elegir una rama específica de negocio. Cualquier negocio bien conducido rendirá durante un periodo de años un retorno satisfactorio.

Los peligros para los hombres jóvenes

Hay tres grandes peligros que enfrenta el joven práctico que ha puesto su pie en la escalera y comienza a ascender.

1. Embriaguez

La embriaguez es, por supuesto, fatal. No tiene sentido perder tiempo con un joven que bebe licor, sin importar cuán excepcionales sean sus talentos. De hecho, cuanto mayor sean sus talentos, mayor será la decepción.

2. Especulación

El segundo escollo es la especulación. El negocio de un especulador y el de un fabricante o comerciante no solo son distintos, sino incompatibles. Para tener éxito en el mundo de los negocios, solo deben buscarse las ganancias del fabricante y del comerciante.

El fabricante debe avanzar de manera constante, aceptando el precio de mercado. Cuando haya productos que vender, véndalos; cuando se necesiten suministros, cómprelos, sin considerar el precio de mercado en ninguno de los casos. Nunca he conocido a un fabricante o empresario especulativo que haya logrado un éxito permanente. Es rico un día y al día siguiente está en bancarrota.

Además, el fabricante tiene como objetivo producir artículos y, al hacerlo, contratar mano de obra. Esto proporciona una carrera loable. Un hombre en esta vocación es útil para su comunidad. El comerciante está ocupado de manera útil distribuyendo mercancías; el banquero proporcionando capital.

3. Aval

El tercer escollo está relacionado con la especulación: el aval. Los hombres de negocios requieren suministros irregulares de dinero, en algunos períodos poco, en otros enormes sumas. Al estar otros en la misma condición, hay una fuerte tentación de avalarse mutuamente. Este escollo debe evitarse.

No hay duda de que existen emergencias en las que los hombres deben ayudar a sus amigos, pero hay una regla que los mantendrá seguros. Ningún hombre debe poner su nombre en la obligación de otro si no tiene suficiente para pagarla sin perjuicio de su propio negocio. Es deshonesto hacerlo. Los hombres son fideicomisarios de aquellos que han confiado en ellos, y el acreedor tiene derecho a todo su capital y crédito.

Para la propia empresa, «tu nombre, tu fortuna y tu sagrado honor»; pero para los demás, sin importar las circunstancias, solo la ayuda que puedas brindar sin poner en peligro tu responsabilidad fiduciaria. Por lo tanto, es una regla segura dar el efectivo directo que tengas de sobra para otros y nunca tu aval o garantía.

Una de las grandes causas del fracaso de los jóvenes en los negocios es la falta de concentración. Son propensos a buscar inversiones externas, y la causa de muchos fracasos sorprendentes se encuentra en hacer precisamente eso. Cada dólar de capital y crédito, cada pensamiento de negocio debe concentrarse en el único negocio en el cual un hombre se ha embarcado. Nunca debe dispersar sus esfuerzos.

Un negocio que no rinda mejores frutos con un aumento de capital que cualquier inversión externa es un mal negocio. Ningún hombre, grupo de hombres o corporación puede manejar el capital de un empresario tan bien como él mismo puede manejarlo. La regla de «No pongas todos tus huevos en una sola canasta» no se aplica al trabajo de la vida de un hombre. La verdadera doctrina es poner todos los huevos en una sola canasta y luego vigilar esa canasta; esta es la regla más valiosa de todas.

Aunque los negocios de todo tipo se han convertido y siguen convirtiéndose rápidamente en unas pocas grandes empresas, se demuestra todos los días que la capacidad genuina, interesada en las ganancias, no solo es valiosa sino indispensable para su éxito. A través de corporaciones cuyas acciones se venden diariamente en el mercado; a través de asociaciones que encuentran necesario interesar a sus trabajadores más capaces; a través de comerciantes que pueden gestionar sus vastos emprendimientos con éxito solo involucrando habilidades excepcionales; en cada esquina del mundo de los negocios, se abren avenidas, mayores en número, más amplias en alcance y más accesibles que nunca antes para el mecánico sobrio, frugal y enérgico, para el joven educado científicamente, para el chico de oficina y para el empleado — avenidas a través de las cuales pueden cosechar éxitos mayores que los que jamás estuvieron al alcance de estas clases en la historia del mundo.

Por lo tanto, cuando el joven, en cualquier posición o negocio, explica y se queja de que no tiene la oportunidad de demostrar su capacidad y ascender a la sociedad, la vieja respuesta sigue siendo suficiente:

«La culpa, no está en nuestras estrellas, sino en nosotros mismos, que somos subordinados».

La riqueza y sus usos

«EL DINERO», como ha dicho recientemente el Sr. Gladstone, «es el negocio del mundo». Que la adquisición de dinero sea el negocio del mundo surge del hecho de que, con pocas excepciones desafortunadas, los jóvenes nacen en la pobreza y, por lo tanto, bajo la operación saludable de esa notablemente sabia ley que vela por su bien: «Con el sudor de tu frente comerás el pan».

Actualmente, está de moda lamentar la pobreza como un mal, compadecer al joven que no nació con una cuchara de plata en la boca; pero yo suscribo de corazón a la doctrina del presidente Garfield, quien decía: «La herencia más rica de un joven es la pobreza».

No hago una predicción vacía al decir que es de esa clase de la que surgirán los buenos y los grandes. No es de los hijos del millonario o del noble de donde el mundo recibe a sus maestros, sus mártires, sus inventores, sus estadistas, sus poetas, o incluso sus hombres de negocios. Es de la cabaña del pobre de donde todos estos surgen. Apenas podemos leer algún «nombre inmortal que no nació para morir» o que haya prestado un servicio excepcional a nuestra raza, que no haya tenido la ventaja de ser acunado, criado y educado en la estimulante escuela de la pobreza.

No hay nada tan debilitante, nada tan mortal en sus efectos sobre las cualidades que llevan a los logros más altos, ya sean morales o intelectuales, como la riqueza hereditaria. Y si entre ustedes hay un joven que siente que no está obligado a esforzarse para ganarse y vivir de sus propios esfuerzos, le ofrezco mi profunda simpatía.

Si tal joven resultara ser una excepción entre sus compañeros y se convirtiera en un ciudadano que viva una vida meritoria para sí mismo y útil para el Estado, en lugar de mi profunda simpatía, me inclino ante él con profundo respeto; pues quien supera las tentadoras tentaciones que rodean a la riqueza hereditaria es «la sal de la tierra» y merece doble honor.

Uno obtiene muchas cosas buenas del New York Sun, el distinguido propietario y editor del cual ustedes tuvieron recientemente el placer, beneficio y honor de escuchar. Me permito leerles esto como uno de sus numerosos rayos de luz:

«A cada moralista que se queda sin tema se le ocurre de vez en cuando la pregunta: ¿Cuál es el problema con los hijos de nuestros hombres ricos y grandes? La pregunta va seguida de estadísticas sobre la maldad y los malos finales de tales hijos.

El problema con los moralistas es que formulan la pregunta al revés. No hay nada de malo en esos tontos hijos, excepto que son desafortunados; pero hay algo malo en sus padres.

«Supongamos que un magnífico ejemplar de un viejo perro cazador de ciervos, muy exitoso en su oficio, coleccionara innumerables ciervos en el parque, los engordara y luego les dijera a sus cachorros: 'Muchachos, he tenido una vida dura cazando estos ciervos, y quiero que se diviertan. Estoy tan acostumbrado a correr por el bosque y cazar, que no puedo dejar el hábito, pero ustedes, chicos, entren en ese parque y sírvanse.' Un perro cazador así sería despreciado por cualquier padre humano. El padre humano le diría a tal perro: 'Señor Perro, simplemente está arruinando a esos cachorros. Demasiada carne y nada de ejercicio les causará sarna y diecisiete problemas más; y si el moquillo no los mata, serán un grupo de desgracias para usted, con patas torcidas y ojos llorosos. Por el amor del cielo, manténgalos con galletas para perros y hágalos trabajar duro.'

Ese mismo padre humano hace con gran orgullo lo que condenaría en un perro o un gato. Arruina a sus hijos, y luego, cuando envejece, observa profusa y tristemente que ha hecho todo por ellos, y sin embargo lo han decepcionado. Aquel que le da a su hijo un puesto que no ha merecido y lo capacita para deshonrar a su padre y amigos, no merece más simpatía que cualquier Señor Fagin educando deliberadamente a un niño para ser deshonesto».

Los gordos e inútiles perritos falderos que las jóvenes arrastran jadeando al final de una correa no tienen la culpa de su condición, y lo mismo ocurre con los hijos de los hombres ricos. Las jóvenes que sobrealimentan a los perros y los padres que arruinan a sus hijos se tienen que culpar a sí mismos. Nadie defendería esto, quizá; pero ¿quién puede dudar de que, si pudiera haber una ley que hiciera imposible para un hombre heredar algo más que una buena educación y una buena constitución, tendría como resultado en poco tiempo proporcionar una mejor masa de hombres? Esto es sensato. «Si lo ves en el Sun, entonces es cierto». Al menos en este caso, lo es.

No es el joven pobre que sale a trabajar por la mañana y trabaja hasta la noche a quien debemos compadecer. Es el hijo del hombre rico a quien la Providencia no ha sido tan amable como para confiarle esta honorable tarea. No es el hombre ocupado, sino el hombre ocioso, quien debe despertar nuestra simpatía y causarnos dolor.

«Feliz es el hombre que ha encontrado su trabajo,» dice Carlyle. Yo digo: «Feliz es el hombre que tiene que trabajar y trabajar duro, y trabajar durante mucho tiempo». Un gran poeta ha dicho: «Ora mejor quien ama mejor». Algún día esto podría ser parodiado en: «Ora mejor quien trabaja mejor». Un día de trabajo honesto bien realizado no es una mala forma de oración.

Hoy día se hace un llamado frecuentemente: «¡Abolid la pobreza!», pero afortunadamente esto no puede hacerse; y los pobres siempre estarán con nosotros. Abolid la pobreza, ¿y qué sería de la raza? El progreso, el desarrollo cesarían. Consideren su futuro si dependiera de los ricos. El suministro de lo bueno y lo grande cesaría, y la sociedad humana retrocedería a la barbarie.

Abolid el lujo, si así lo desean, pero déjennos el suelo sobre el cual solo crecen las virtudes y todo lo que es precioso en el carácter humano: la pobreza, la pobreza honesta.

Supondré por el momento, caballeros, que todos ustedes tuvieron la fortuna de nacer pobres. Entonces, la primera pregunta que se les plantea es esta: ¿Qué debo aprender a hacer por la comunidad que me garantice, en intercambio, riqueza suficiente para alimentarme, vestirme, alojarme y mantenerme independiente de la ayuda caritativa de otros? ¿Qué debo hacer para ganarme la vida? Y al joven puede gustarle o pensar que le gustaría hacer una cosa en lugar de otra; seguir una rama u otra; ser un hombre de negocios o un artesano de algún tipo, o ministro, médico, electricista, arquitecto, editor o abogado. No tengo duda de que algunos de ustedes, en sus sueños más salvajes, aspiran a ser periodistas. Pero no importa lo que al joven le guste o no le guste, siempre debe mantener en vista el punto principal: ¿Puedo alcanzar tal grado de competencia en la rama preferida que ciertamente me permitirá ganarme la vida con su práctica?

Por lo tanto, el joven que resuelve hacerse útil a sus semejantes, y por ende tener derecho a recibir de una comunidad agradecida que beneficia la suma necesaria para su sustento, ve claramente uno de los más altos deberes de un joven. Él enfrenta la pregunta vital que se le presenta para su decisión y la decide correctamente.

Hasta aquí, entonces, no hay diferencia respecto a la adquisición de riqueza. Todo el mundo está de acuerdo en que es el primer deber de un joven entrenarse de tal manera que pueda mantenerse a sí mismo. Tampoco hay dificultad respecto al siguiente paso, ya que no se puede decir que el joven haya cumplido con todo su deber si no tiene en cuenta las contingencias de la vida, la posibilidad de accidentes, enfermedades y depresiones comerciales como la actual. La sabiduría le exige que tenga en cuenta estas cosas; y es parte de su deber comenzar a ahorrar una parte de sus ganancias e invertirlas, no en especulaciones, sino en valores o en propiedades, o en un negocio legítimo de manera que, quizá lentamente, pero con certeza, crezca en una reserva a la que pueda recurrir en emergencias o en la vejez, y vivir de sus propios ahorros. Creo que todos estamos de acuerdo en la conveniencia —más aún, el deber— de acumular una competencia, y así conservar nuestro respeto propio.

Además de esto, supongo que algunos de ustedes ya han decidido, tan pronto como sea posible, pedirle a «cierta señorita» que comparta su lote, o tal vez sus lotes, y, por supuesto, deberían tener un lote o dos para compartir. El matrimonio es un asunto muy serio, y da lugar a muchas consideraciones importantes. «Asegúrate de casarte con una mujer de buen sentido común», fue el consejo que me dio mi mentor, y se los transmito a ustedes. El sentido común es la cualidad menos común y más valiosa en un hombre o una mujer. Pero antes de que tengan ocasión de buscarse una compañera, surge el tema sobre el cual debo dirigirme a ustedes — «Riqueza» — no riqueza en millones, sino simplemente ingresos suficientes para una vida modesta e independiente. Esto abre todo el tema de la riqueza en mayor o menor grado.

Ahora bien, ¿qué es la riqueza? ¿Cómo se crea y se distribuye? No muy lejos de nosotros se encuentran inmensos yacimientos de carbón que han estado ahí por millones de años, inútiles y, por lo tanto, sin valor. A través de algún experimento, o tal vez accidente, se descubrió que una piedra negra podría arder y generar calor. Los hombres perforaron pozos, erigieron maquinaria, extrajeron y sacaron el carbón, y lo vendieron a la comunidad. Desplazó el uso de la madera como combustible, digamos, a la mitad del costo. Inmediatamente, cada yacimiento de carbón se volvió valioso porque resultaba útil, o capaz de serlo; y aquí, un nuevo artículo con un valor de cientos, sí, miles de millones fue añadido a la riqueza de la comunidad.

Un mecánico escocés, un día, según cuenta la historia, mirando al fuego sobre el cual se hervía agua en una tetera, vio el vapor levantar la tapa, como cientos de miles lo habían visto antes que él; pero nadie vio en esa visión lo que él vio: la máquina de vapor, que hace el trabajo del mundo a un costo infinitamente menor comparado con lo que implicaban los métodos conocidos antes, de tal manera que la riqueza del mundo ha aumentado de una manera imposible de estimar.

El ahorro que la comunidad logra es la raíz de la riqueza en cualquier rama de desarrollo material. Ahora, el trabajo o servicio que un joven presta a la comunidad crea riqueza en proporción a cuán útil sea su servicio para la comunidad, ya sea porque ahorra o mejora los métodos existentes.

El Comodoro Vanderbilt vio, creo, trece diferentes líneas de ferrocarril cortas entre Nueva York y Búfalo, con trece diferentes administraciones, y un servicio fragmentado y tedioso. Albany, Schenectady, Utica, Syracuse, Auburn, Rochester, etcétera, eran cabeceras de algunas de estas empresas. Consolidó todas, conformando una línea directa, sobre la cual el Empire State Express vuela a cincuenta y una millas por hora, el tiempo más rápido en el mundo; y cien pasajeros utilizan las líneas donde antes lo hacía uno en los tiempos antiguos. Brindó a la comunidad un servicio especial, que, seguido por otros, reduce el costo de traer alimentos desde las praderas del oeste a sus puertas a una suma insignificante por tonelada. Produjo, y está produciendo cada día, una riqueza incalculable para la comunidad al hacerlo, y la ganancia que obtuvo para él mismo fue solo una gota en el balde comparada con la que derramó sobre el estado y la nación.

Ahora, en los días antiguos, antes del vapor, la electricidad o cualquier otro invento moderno que colectivamente han cambiado por completo el aspecto del mundo, todo se hacía a pequeña escala. No había grandes ideas para operar a gran escala ni oportunidades para producir gran riqueza para el inventor, descubridor, originador o ejecutivo. Los nuevos inventos ofrecieron esta oportunidad, y muchas grandes fortunas fueron hechas por individuos.

Pero en nuestra época, estamos alcanzando, si no ya habiendo superado, esta etapa de desarrollo. Pocas grandes fortunas pueden ser hechas ahora en cualquier parte del mundo, excepto por una causa: el aumento en el valor de los bienes raíces. La manufactura, el transporte —tanto en tierra como en mar—, la banca y los seguros han pasado a manos de corporaciones compuestas por cientos y, en muchos casos, miles de accionistas.

El Ferrocarril Central de Nueva York es propiedad de más de diez mil accionistas, el Ferrocarril de Pensilvania pertenece a más personas que el vasto ejército que emplea, y casi una cuarta parte de ellos son patrimonios de mujeres y niños. Así sucede con las grandes compañías manufactureras, con las grandes líneas de barcos de vapor, y como ustedes saben, con los bancos, las compañías de seguros, y prácticamente con todas las ramas comerciales.

Es un gran error que los jóvenes se digan a sí mismos: «¡Oh! No podemos entrar en el negocio». Si alguno de ustedes ha ahorrado tanto como $50 o $100, no conozco ninguna rama de negocio en la que no puedan aventurarse de inmediato. Pueden obtener su certificado de acciones y asistir a la reunión de accionistas, hacer discursos y sugerencias, pelear con el presidente e instruir la gestión de los asuntos de la empresa, y tener todos los derechos e influencia de un dueño.

Pueden comprar acciones en cualquier cosa, desde periódicos hasta casas de vecindad; pero el capital está tan mal remunerado en estos días que les aconsejo ejercer mucha precaución antes de invertir. Como le he dicho a los obreros y a los ministros, a los profesores universitarios, a los artistas, músicos y médicos, y a todas las clases profesionales: no inviertan en ningún negocio; los riesgos de los negocios no son para personas como ustedes.

Compren primero una casa propia; y si tienen algún excedente, compren otro lote u otra casa, o tomen una hipoteca sobre una, o sobre un ferrocarril, y que sea una primera hipoteca, y estén satisfechos con un interés moderado. ¿Saben que de cada cien que intentan hacer negocios por su cuenta, las estadísticas muestran que noventa y cinco tarde o temprano fracasan? Lo sé por mi propia experiencia. Puedo citar los versos de Hudibras y decirles, en lo que se refiere a una rama manufacturera, que lo que él encontró cierto aún es eminentemente cierto hoy:

«¡Ay de mí! ¡Qué peligros rodean al hombre que se mete con hierro frío!»

Los accionistas de empresas de hierro y acero hoy pueden certificar que esto es cierto, ya sea que el hierro o el acero esté caliente o frío; y lo mismo sucede en otras ramas de negocios.

La principal queja contra nuestras condiciones industriales de hoy en día es que causan que grandes sumas de riqueza fluyan a manos de unos pocos. Bueno, de unos muy pocos, en realidad, esto es cierto. Antiguamente era así, como he explicado, inmediatamente después de que las nuevas invenciones hubieran cambiado las condiciones del mundo. Hoy en día no es verdad. La riqueza está siendo cada vez más distribuida entre muchos. La proporción combinada de beneficios del trabajo y el capital que va destinada al trabajo nunca ha sido tan grande como hoy, y la cantidad que va al capital nunca tan pequeña. Mientras que los ingresos del capital han caído más de la mitad, en muchos casos se han desvanecido por completo, las estadísticas prueban que los ingresos del trabajo nunca han sido tan altos como lo fueron antes de la reciente e inigualada depresión en los negocios, mientras que el costo de vida—las necesidades básicas—han caído en algunos casos casi a la mitad. Gran Bretaña tiene un impuesto sobre la renta, y nuestro país estará sujeto a esta imposición por un tiempo. Los informes británicos muestran que durante los once años desde 1876 hasta 1887 el número de hombres que reciben de $750 a $2,500 al año aumentó más del 21 por ciento, mientras que el número de los que recibían de $5,000 a $25,000 disminuyó en realidad un 2 1/2 por ciento.

Pueden estar seguros, caballeros, de que la cuestión de la distribución de la riqueza se está solucionando rápidamente bajo las condiciones presentes, y se está solucionando en la dirección correcta. Los pocos ricos se están volviendo más pobres, y las masas trabajadoras más ricas. No obstante, unos pocos hombres excepcionales aún pueden hacer fortunas, pero estas serán más moderadas que en el pasado.

Esto tal vez no sea tan afortunado para las masas del pueblo como ahora se cree, porque grandes acumulaciones de riqueza en manos de un hombre emprendedor que sigue trabajando a menudo son las más productivas de todas las formas de riqueza. Tomemos al hombre más rico que el mundo jamás haya visto, quien murió en Nueva York hace algunos años. ¿Qué se encontró en su caso? Que, con la excepción de un pequeño porcentaje usado para gastos diarios, su fortuna entera y todos sus ingresos excedentes fueron invertidos en empresas que desarrollaron el sistema ferroviario de nuestro país, el cual provee al pueblo el transporte más barato conocido.

Sea que el millonario lo desee o no, no puede evadir la ley que, bajo las condiciones actuales, le obliga a usar sus millones para el bien del pueblo. Todo lo que obtiene durante los pocos años de su vida es que puede vivir en una casa más fina, rodearse de muebles más finos y obras de arte que pueden añadirse; incluso podría tener una biblioteca más grandiosa, más de los dioses a su alrededor; pero, en lo que he conocido a los millonarios, la biblioteca es la parte menos usada de lo que probablemente consideraría «mobiliario» en toda su mansión.

Puede comer alimentos más ricos y beber vinos más exquisitos, lo cual solo le hace daño. Pero verdaderamente, el millonario moderno es generalmente un hombre de gustos muy simples e incluso hábitos avaros. Gasta poco en sí mismo, y es como la abeja trabajadora guardando la miel en la colmena industrial, de la cual todos los miembros de esa colmena, la comunidad en general, ciertamente disfrutarán.

Esta es la verdadera descripción del millonario, como la dio el Sr. Carter en su notable discurso ante el tribunal del mar de Behring en París:

«Aquellos que tienen más éxito en la adquisición de propiedad y que la acumulan en tal grado son precisamente los hombres que son capaces de controlarla, invertirla y manejarla de la manera más útil para la sociedad».

Es porque poseen esas cualidades que pueden absorberla en tan gran medida. En cualquier sentido justo de la palabra, solo poseen realmente lo que consumen. El resto se mantiene para el beneficio del público. Son los custodios de esa riqueza. La invierten; aseguran que se emplee en esta o aquella ocupación. Todo el trabajo se realiza gracias a ella y se emplea de la mejor manera, siendo así más productiva. Estos hombres que adquieren estos cientos de millones realmente están sufriendo bajo una servidumbre hacia el resto de la sociedad, porque esa es prácticamente su condición; y la sociedad lo tolera porque es mejor para ellos que así sea.

Aquí hay otra estimación hecha por un hombre no menos notable. Su amigo, el Sr. Dana, justamente dijo en Cornell: «Esa es una clase de hombres a la que me refiero, los pensadores, los hombres de ciencia, los inventores; y la otra clase es aquella de los que Dios ha dotado con un genio para ahorrar, para hacerse ricos, para reunir riqueza, para acumular y concentrar dinero, hombres contra quienes ahora está de moda declarar, y contra quienes a veces se dirige la legislación. Y, sin embargo, ¿hay algún benefactor de la humanidad que deba ser envidiado por sus logros, y por la memoria y los monumentos que ha dejado tras de sí, más que Ezra Cornell? O, para tomar otro ejemplo que tenemos ante nuestros ojos, ¿más que Henry W. Sage? Estos son hombres que sabían cómo hacerse ricos, porque habían sido dotados con esa facultad; y cuando se hicieron ricos, supieron cómo darlo para grandes empresas públicas, para usos que permanecerán vivos, inmortales mientras el hombre permanezca en la tierra. Los hombres de genio y los hombres de dinero, aquellos que preparan nuevos agentes de vida, y aquellos que acumulan y ahorran el dinero para grandes empresas y grandes obras públicas, estos son los líderes del mundo, a medida que el siglo veinte se abre ante nosotros».

Las abejas de una colmena no destruyen a las abejas que producen miel, sino a los zánganos. Será un gran error para la comunidad disparar a los millonarios, porque son las abejas que hacen la mayor cantidad de miel y contribuyen más a la colmena incluso después de haberse saciado. Es un hecho notable que cualquier país es próspero y cómodo en proporción al número de sus millonarios».

Tomen como ejemplo a Rusia, con su población poco mejor que siervos, viviendo al borde de la inanición con el alimento más mezquino, alimento que nuestra gente no podría ni querría comer, y encontrarán relativamente pocos millonarios, exceptuando al Emperador y unos pocos nobles que poseen la tierra. En gran medida, esto es lo mismo en Alemania, aunque en años recientes el desarrollo industrial ha producido unos pocos millonarios en libras esterlinas. En Berlín, en 1902, tres personas tenían más de 6.000.000 de libras, y en Prusia seis personas tenían un ingreso de 1.000.000 de dólares. En Francia, donde la gente está mejor que en Alemania, se cuentan pocos millonarios. En la antigua patria de nuestra raza, en Gran Bretaña, que es el país más rico del mundo salvo uno—el nuestro—hay más millonarios en libras esterlinas (consideradas el estándar europeo) que, en el resto de Europa, y su pueblo está mejor que en cualquier otro lugar. Venimos a nuestra propia tierra: probablemente tengamos más millonarios y multimillonarios, tanto en libras como en dólares, que todos los otros países juntos, aunque no tenemos uno por cada diez que se reputa serlo. He visto una lista de supuestos millonarios, preparada por un conocido abogado de Brooklyn, que me hizo reír, como a muchos otros. Vi que se consideraba millonarios a hombres que no podían pagar sus deudas. A algunos se les debería haber reducido un cero de sus supuestos millones. Hace algún tiempo me senté junto al señor Evarts en una cena, y la conversación tocó el tema de que los hombres deberían distribuir su riqueza durante sus vidas para el bien público. Un caballero dijo que eso era correcto, dando muchas razones, una de las cuales era que, por supuesto, no podían llevársela consigo al morir.

«Bueno», dijo el señor Evarts, «no estoy seguro de eso. Mi experiencia como abogado en Nueva York es que de alguna manera u otra logran llevarse al menos cuatro quintas partes». Su supuesta riqueza nunca se encontraba al morir.

Cualesquiera que sean las condiciones ideales que se desarrollen, me parece que el señor Carter y el señor Dana tienen razón. Bajo las condiciones actuales, el millonario que sigue trabajando es el artículo más barato que la comunidad consigue al precio que paga por él, a saber, su refugio, ropa y comida.

Las invenciones de hoy en día llevan a concentrar los asuntos industriales y comerciales en enormes empresas. No se puede trabajar con éxito el proceso Bessemer sin emplear a miles de hombres en un solo lugar. No se puede fabricar el blindaje para los barcos sin gastar primero siete millones de dólares, como lo ha hecho la Compañía Bethlehem. No se puede fabricar una yarda de tela de algodón en competencia con el mundo sin tener una inmensa fábrica y miles de hombres y mujeres ayudando en el proceso. El gran establecimiento eléctrico aquí en su ciudad tiene éxito porque ha gastado millones y está preparado para hacer su trabajo a gran escala. Bajo tales condiciones, es imposible que la riqueza no fluya hacia las manos de unos pocos hombres en tiempos prósperos, más allá de sus necesidades. Pero de las cincuenta grandes fortunas de las que el señor Blaine tenía una lista, encontró que solo un hombre se reputaba haber hecho una gran fortuna en la manufactura. Las fortunas más a menudo se hacen con bienes raíces; luego sigue el transporte, la banca. El mundo manufacturero en su totalidad proporcionó solo un millonario.

Pero, suponiendo que el superávit de riqueza fluya hacia las manos de unos pocos hombres, ¿cuál es su deber? ¿Cómo se puede levantar la lucha por los dólares del ambiente sórdido que rodea los negocios y convertirla en una carrera noble? Ahora bien, hasta el momento, la riqueza ha sido distribuida de tres maneras: la primera y principal es mediante su legado a la familia al momento de la muerte. Ahora, más allá de legar a los dependientes el ingreso necesario para una vida modesta e independiente, ¿es tal uso de la riqueza correcto o sabio? Les pido que reflexionen sobre el resultado, por regla general, de millones otorgados a los jóvenes hombres y mujeres y a los hijos e hijas del millonario. Verán que, por regla general, no es bueno para las hijas; y esto se observa en el carácter y la conducta de los hombres que se casan con ellas. En cuanto a los hijos, tienen sus condiciones descritas en el extracto que les leí del Sun. Nada es más cierto que esto: que, generalmente, el «todopoderoso dólar» legado a los hijos e hijas en millones se convierte en una maldición todopoderosa. No es el bien del hijo lo que considera el padre millonario cuando hace estos legados, es su propia vanidad; no es afecto por el hijo, sino la glorificación para el padre lo que está en la raíz de esta disposición perjudicial de la riqueza. Solo se puede decir una cosa a favor de este método: proporciona uno de los medios más eficaces de distribución rápida de la riqueza que jamás haya existido.

Hay un segundo uso de la riqueza, menos común que el primero, que no es tan perjudicial para la comunidad, pero que no debería traer crédito al testador. El dinero es dejado por los millonarios a instituciones públicas cuando deben relajarse en su apego a él. No hay gracia, y no puede haber bendición, en dar lo que no se puede retener. No es un regalo, porque no se da alegremente, sino que se otorga solo ante la severa llamada de la muerte. El mal uso de estos legados, la litigación asociada con ellos y la manera en que son desperdiciados parecen probar que las Parcas no los miran con buenos ojos. Nunca estamos sin una lección de que el único modo de producir un bien duradero al dar grandes sumas de dinero es que el millonario preste la misma atención cercana a su distribución durante su vida como lo hizo en su adquisición. Tenemos hoy el caso notable de cinco o seis millones de dólares dejados por un gran abogado para fundar una biblioteca pública en Nueva York, una institución tan necesaria que el fracaso de este legado es una desgracia. Han pasado años desde su muerte; el testamento es declarado inválido por un defecto, aunque no hay duda de la intención del donante. Es un triste comentario sobre la insensatez de los hombres que retienen los millones que no pueden usar hasta que son incapaces de ponerlos en el fin que desean. Peter Cooper, Pratt de Baltimore y Pratt de Brooklyn, y otros son el tipo de hombres que ustedes deberían tomar como modelo; ellos distribuyeron su superávit durante su vida.

El tercer uso, y el único uso noble de la riqueza excedente, es el siguiente: que debe ser considerada como una confianza sagrada, a ser administrada por su poseedor, en cuyas manos fluye, para el mayor bien del pueblo. El hombre no vive solo de pan, y cinco o diez centavos más de ingresos al día dispersados entre miles producirían poco o ningún bien. Acumulada en un gran fondo y gastada como lo hizo el Sr. Cooper en el Instituto Cooper, establece algo que durará por generaciones. Educará el cerebro, la parte espiritual del hombre. Provee una escalera por la cual los pobres aspirantes pueden subir.

No tiene sentido alguno, caballeros, intentar ayudar a las personas que no se ayudan a sí mismas. No se puede empujar a nadie hacia arriba por una escalera a menos que esa persona esté dispuesta a trepar un poco por sí misma. Cuando dejamos de impulsar, cae, perjudicándose.

Por lo tanto, he dicho a menudo, y ahora repito, que el día llegará, y ya vemos su amanecer, en el que el hombre que muera poseedor de millones de riqueza disponible, que estaba libre y en sus manos, listo para ser distribuido, morirá deshonrado. Por supuesto, no me refiero a que el hombre de negocios no pueda ser abatido con su capital en el negocio, el cual no puede ser retirado, ya que el capital es la herramienta con la que realiza sus maravillas y produce más riqueza. Me refiero al hombre que muere poseedor de millones en valores que solo se mantienen por el interés que generan, para que pueda añadir a su montón de miserables dólares.

Al administrar la riqueza excedente durante la vida, la gran riqueza puede llegar a ser una bendición para la comunidad, y la ocupación del hombre de negocios acumulador de riqueza puede ser elevada para que esté a la par con el médico, una de las profesiones más altas, porque él también, en cierto sentido, será un médico, cuidando y tratando no de curar, sino de prevenir los males de la humanidad. A aquellos de ustedes que están obligados o que desean seguir una vida empresarial y acumular riqueza, les encomiendo esta idea.

El epitafio que todo hombre rico debería desear merecer justamente es el que se ve en el monumento a Pitt:

Vivió sin ostentación,

Y murió pobre.

Tal es el hombre a quien el futuro debe honrar, mientras que aquel que muere en la vejez retirado de los negocios, poseedor de millones de riqueza disponible, morirá sin ser llorado, deshonrado y sin reconocimiento.

Puedo dividir justamente a los jóvenes en cuatro clases:

Primero, aquellos que deben trabajar para vivir, y se plantean como objetivo la adquisición de una competencia modesta—por supuesto, con una cabaña modesta pero pintoresca en el campo y una compañera «que hace brillar el sol en un lugar sombrío» y es el ángel bueno de su vida. El lema de esta clase, No. 1, podría ser «Ni pobreza ni riqueza me des, Señor». «De las ansiedades de la pobreza y de las responsabilidades de la riqueza, buen Señor, líbranos».

Clase No. 2, que comprende aquellos entre ustedes que están decididos a adquirir riqueza, cuyo objetivo en la vida es pertenecer a esa clase tan hablada y grandemente criticada, los millonarios, aquellos que empiezan a trabajar por el bien mayor del mayor número, pero el mayor número siempre es uno mismo. El lema de esta clase es corto y al grano: «Pon dinero en tu bolsa».

Ahora viene la tercera clase. El dios al que ellos adoran no es ni la riqueza ni la felicidad. Están inflamados con «noble ambición»; el deseo de fama es el elemento controlador de sus vidas. Ahora bien, aunque esto no es tan innoble como el deseo de riqueza material, hay que decir que traiciona más vanidad. El santuario de la fama tiene muchos adoradores. El elemento de vanidad se ve en su fase más feroz entre aquellos que se presentan ante el público. Es bien conocido, por ejemplo, que los músicos, actores e incluso pintores — toda la clase artística — son particularmente propensos a una vanidad personal excesiva. A menudo se ha preguntado por qué; pero la razón probablemente es que el músico, el actor e incluso el pintor pueden ser trascendentes en su línea especial sin estar siquiera altamente educados, sin tener un cerebro de todo ámbito. Algunas peculiaridades, algún elemento en su carácter, puede darle prominencia o fama, de modo que su amor por el arte, o por el uso a través del arte, queda completamente ahogado por una vanidad personal estrecha y egoísta. Pero encontramos esta predisposición en menor grado en todas las profesiones: el político, el abogado y, con reverencia lo digo, a veces el ministro; menos, pienso, en el médico que, en cualquier otra profesión, probablemente porque él, más que en cualquier otra profesión, está llamado a lidiar con las tristes realidades de la vida cara a cara. Él de entre todos los hombres ve la vanidad de las vanidades.

Una ilustración de esta clase se muestra en el discurso de Hotspur:

«Por cielos, me parece un fácil salto, desprender brillante honor de la luna pálida; o zambullirme en el fondo del abismo, donde la línea de plomada nunca tocó el suelo, y arrancar honor ahogado por los cabellos; así aquel que la rescate de allí pueda llevar sin rival todas sus dignidades».

Noten, jóvenes caballeros, él no se preocupa por el uso; no se preocupa por el estado; solo se preocupa por sí mismo, y, como un vanidoso pavo real, pavonea a través del escenario.

Ahora, caballeros, no me parece que el amor por la riqueza sea el deseo controlador de tantos como el amor por la fama; y esto es motivo de sincera congratulación, y prueba que bajo las irresistibles leyes de la evolución la raza avanza lentamente hacia adelante y hacia arriba. Tomen toda la gama del mundo artístico, que da dulzura y luz a la vida, que refina y adorna, y seguramente el gran compositor, pintor, pianista, abogado, juez, estadista, todos aquellos en la vida pública, se preocupan menos por los millones que por la reputación profesional en sus respectivos campos de labor. ¿Qué les importaron a Washington, Franklin, Lincoln, ¿o Grant y Sherman la riqueza? ¡Nada! ¿Qué les importaron a Harrison o Cleveland, dos hombres pobres, dignos sucesores? ¿Qué les importa a los jueces de nuestra Corte Suprema, o incluso a los principales abogados que alegan ante ellos? Los grandes predicadores, médicos, grandes maestros no están preocupados por la adquisición de riqueza. El tesoro que buscan está en la reputación adquirida a través de su servicio a los demás, y esto ciertamente es un gran paso adelante respecto a la clase de millonarios, que luchan hasta la vejez, y a través de la vejez hasta el borde de la tumba, sin otra ambición, aparentemente, excepto la de añadir a su montón de miserables dólares.

Pero hay una cuarta clase, más elevada que todas las anteriores, que no adora ni en el altar de la riqueza ni en el de la fama, sino en el más noble de todos los altares, el altar del servicio: el servicio a la raza humana. Su lema es la abnegación. Los miembros de este círculo interno y superior no buscan el aplauso popular, no se preocupan por ser populares, sino por ser justos. Dicen con Confucio: «No me preocupa no tener un alto cargo; lo que me preocupa es hacerme digno del cargo». No se desaniman por la pobreza ni se alegran excesivamente por la prosperidad. El hombre que pertenece a esta clase simplemente busca cumplir con su deber día a día, de manera que le permita honrarse a sí mismo, sin temer nada más que su propio autorreproche. He conocido a hombres y mujeres que no estaban en el ojo público, ya que esta clase no busca la prominencia, pero que en sus vidas demostraron haber alcanzado este ideal. Ahora, les daré para esta clase la ilustración adecuada con las palabras de un poeta escocés que murió demasiado joven:

Saldré entre los hombres, no revestido de desdén,
Sino con la armadura de una intención pura.
Grandes deberes me aguardan, y grandes canciones;
Y ya sea coronado o sin corona cuando caiga,
No importa, siempre y cuando se haga la obra de Dios.
He aprendido a valorar el acto relampagueante de silencio,
No el trueno aplaudido que sigue,
Que los hombres llaman fama.

Entonces, caballeros, estando en el umbral de la vida, tienen lo bueno, lo mejor y lo óptimo presentados ante ustedes: las tres etapas del desarrollo, que pueden llamarse adecuadamente natural, espiritual y celestial. Una tiene como objetivo el éxito en cosas materiales, lo cual no es sin beneficio para la raza en su conjunto, ya que eleva al individuo del nivel animal y exige el ejercicio de muchas cualidades valiosas: sobriedad, industria y autodisciplina. La segunda se eleva aún más: la recompensa buscada está más en las cosas del espíritu, no groseras ni materiales, sino invisibles; y no de la carne, sino del cerebro, la parte espiritual del hombre; y esto pone en juego innumerables virtudes que hacen hombres buenos y útiles.

La tercera o clase celestial se basa en un fundamento completamente diferente de las demás en esto: que las consideraciones egoístas están subordinadas en la selecta hermandad de los mejores, siendo el servicio a los demás la primera consideración. La recompensa de la riqueza o la fama no se busca, ya que estos han aprendido y saben muy bien que la virtud es su propia y única gran recompensa; y una vez disfrutada, todas las demás recompensas no valen la pena de ser buscadas. Y así la riqueza e incluso la fama son destronadas; y se erige como soberano el más alto estándar de todos: tu propia aprobación derivada del fiel cumplimiento de tu deber tal como lo ves, sin temer consecuencias, sin buscar recompensa.

No importa mucho a qué rama de esfuerzo te lleven tus gustos o juicio, el gran punto es asegurarte de que seas atraído hacia una rama. Luego, cumple con todo tu deber en ella y un poco más: ese «poco más» es inmensamente importante. Tenemos las palabras de un gran poeta para ello, que el hombre que hace lo mejor que puede, a veces puede hacer más. Mantén tu respeto propio como la joya más preciosa de todas y el único camino verdadero para ganar el respeto de los demás, y luego recuerda lo que dice Emerson, porque lo que dice aquí es cierto: «Ningún joven puede ser engañado para que no tenga una carrera honorable en la vida a menos que se engañe a sí mismo».

Relaciones comerciales angloamericanas

Solo hay un tipo de Libre Comercio, pero hay dos tipos de Protección. Primero: el tipo británico, y luego la variedad americana, muy diferentes en teoría y en práctica.

La Protección en Gran Bretaña simplemente significa que los alimentos de la gente deben encarecerse permanentemente para el consumidor y, en consecuencia, que el valor de la tierra debe aumentarse permanentemente y de manera artificial. Ahora, la idea americana de Protección es la prefigurada por Mill. Se adhiere a la gran doctrina de Adam Smith dice que el objetivo final es el mejor suministro de un artículo al precio más bajo dentro del libre intercambio de mercancías. Así, mantiene siempre en vista el beneficio para el consumidor.

Si tenemos razones para creer que los recursos de un país son tales que solo necesitan desarrollo para proporcionar una mejor y más barata oferta de un artículo que nunca se ha obtenido o podría obtenerse de otros lugares, creemos con Adam Smith que a veces es aconsejable pagar más caro por ese artículo por un tiempo, si el fin es la conquista de un mercado mayor. Adam Smith no era un dogmático radical sobre el tema del Libre Comercio: de hecho, ha registrado su opinión de que podría esperar Utopía en la tierra tanto como el establecimiento del Libre Comercio completo, incluso en Gran Bretaña; y cuando se debían hacer cambios en las leyes fiscales, siempre es claro en este punto: que estos deben hacerse lentamente y sin causar grave perjuicio al comercio existente.

Aquí hay dos ejemplos para ilustrar la diferencia entre Protección en Inglaterra y América. Durante la guerra por la Unión, el pueblo americano se sintió herido e indignado por la hostilidad mostrada, no por el pueblo británico, sino por el Gobierno británico. Determinaron limitar el uso de productos británicos tanto como fuera posible y, especialmente, ser independientes en el suministro de hierro y acero, los nervios de la guerra, ya que, por la actitud belicista de Inglaterra y la construcción del Alabama, no era tan seguro como, ¡gracias a los Destinos! lo es ahora, que la guerra entre los dos países no podría ocurrir — así, el mal hecho a las naciones o personas trae retribución y cada enemigo creado es un peligro listo para estallar.

El Alabama nos brindó treinta años de protección continua y nos permite invadir con éxito a Gran Bretaña con nuestro acero. El Gobierno preguntó a los fabricantes cuánto arancel sería necesario para inducirlos a entrar en el nuevo negocio de fabricar acero. Hasta ese momento no habíamos producido ninguno con éxito. Se solicitó y se obtuvo un arancel del treinta por ciento. Todos conocen el resultado; no solo se abastece al americano con el acero más barato que cualquier nación en el mundo, Gran Bretaña no exceptuada, sino que es seguro que una gran parte de las necesidades del mundo será abastecida por este país. Es indiscutible que hoy en día es el país que puede producir el mejor acero. Ahora creemos que la Protección temporal dada y que se ha reducido a una cuarta parte de su extensión inicial está plenamente justificada aquí.

Tomemos el otro caso: los mejores hombres de cada nación deben laborar siempre por avanzar el progreso material de esa nación introduciendo nuevas manufacturas, y se pensó que, con la Protección adecuada por un tiempo, la Unión crecería una oferta completa de azúcar más barata de lo que se podría traer del extranjero. Sin embargo, este experimento resultó en fracaso. Nos equivocamos, por lo tanto, se abandonó la Protección y se liberó el azúcar. En un caso, la Protección fue un éxito, en otro, un fracaso.

Creo que lo que ha sucedido en los Estados Unidos puede esperarse que suceda en otras naciones una tras otra a medida que se desarrollen. Cada nación intentará producir dentro de sus propias fronteras un artículo cuando haya una probabilidad de que pueda hacerlo más barato y mejor de lo que podría obtenerse del extranjero, y debemos esperar pacientemente el resultado de estos ensayos.

Así como los Estados Unidos abandonaron la protección del azúcar, también creo que otras naciones llegarán a la idea americana de Protección, que es una tontería proteger para siempre, que el intento de una nación de beneficiarse con un impuesto permanente sobre cualquier artículo como una cuestión de protección es similar al intento de un hombre de levantarse tirando de sus tirantes. Aunque soy un firme creyente en la teoría de que a veces es prudente que una nación joven induzca al capital y a los cerebros a participar en el experimento de fabricar algo nuevo, que siempre conlleva riesgos especiales, no obstante, soy un creyente en la gran doctrina de Adam Smith de que el objetivo final debe ser el libre intercambio de mercancías por todas las naciones del mundo, sujeto solo a la necesidad de ingresos, pero este asunto de los ingresos es importante.

Recuerden que, en un momento dado, el Sr. Chamberlain se dejó llevar por la idea de un Zollverein del Imperio; tendrían libre comercio dentro de sus límites, como lo tenemos dentro de los cuarenta y cinco estados que abarca la Unión: una idea brillante a primera vista. Pero, después de conferenciar con los coloniales durante el Jubileo, el Sr. Chamberlain anunció que no se sentía inclinado a tocar el tema ni con pinzas. Es bueno que un estadista cambie de opinión cuando descubre que está equivocado. Las colonias británicas hoy sienten que deben generar la mayor parte de sus ingresos mediante la imposición de aranceles a las importaciones; por lo tanto, un Zollverein no parecía factible —y hay otras objeciones. Por ejemplo, Estados Unidos añade a sus aranceles sobre el azúcar una cantidad igual a la subvención pagada por cualquier nación sobre su producción—, esto se considera justo para nuestros propios productores de azúcar.

Es probable, por ende, que, por el momento y probablemente durante nuestra época, las necesidades de ingresos y la imposibilidad de recaudarlos mediante impuestos internos harán que las colonias británicas sigan manteniendo aranceles altos sobre las importaciones, especialmente aquellas que pueden ser clasificadas como lujos, que abarcan los artículos más finos de todas las categorías; en otras palabras, cosas que no utilizan las masas de pobres, sino unos pocos ricos. Tal es, ciertamente, una política popular, y es bien sabido cuán influyentes son los votos para un político. Creo que las mismas influencias prevalecerán en Estados Unidos. No conozco un modo de recaudar ingresos tan fácil o tan satisfactorio para los votantes. Puede ser una sorpresa, pero creo que es cierto que, bajo nuestra política arancelaria actual, las masas de la población americana prácticamente escapan de la tributación. Utilizan casi —o podría decir totalmente— artículos nacionales: tabaco, vino, licores y cerveza nacionales, ropa y tejidos de algodón y lana hechos en el país, sedas nacionales, todas útiles, pero no tan finas como las extranjeras, y hoy en día, todos estos artículos son sorprendentemente baratos. Recientemente, tuve una prueba de ello. Una familia en situación cómoda, no rica, viajaba cada año a Inglaterra con sus cinco hijos para visitar a sus padres. Anteriormente, el costo de su pasaje se ahorraba con la compra de ropa y otros artículos. La señora nos contó que ahora no compraba nada del otro lado; podía vestir a sus hijos más barato en Nueva York. Hay mucho testimonio que tiende a respaldar esto. Encontramos a nuestros sirvientes que viajan con nosotros de un lado a otro comprando muchos artículos en Nueva York, pero recuerden, no artículos lujosos y finos, en los que las personas con medios suficientes se permiten. Sobre estos, sin la preocupación de que nuestra clase rica alguna vez renuncie a ellos, podemos, con aranceles altos, recaudar una gran cantidad de ingresos necesarios, sin restringir mucho la demanda. Las clases ricas de la República titubean poco sobre el costo en sus lujos, y las sedas finas, el lino fino, el encaje fino, los tejidos de lana más finos, los vinos finos o el whisky escocés y la cerveza británica están entre nuestros lujos.

Por favor, noten que esta política ya no se seguirá principalmente por protección, sino solamente por ingresos. Incluso si la protección como política se descartara, es probable que tales artículos se gravarían —las masas demandarían esto. Es un gran error pensar que son unos pocos y no la mayoría los que favorecen gravar los artículos importados utilizados por los pocos ricos. En mi opinión, no puede haber abolición de dichos aranceles en nuestros días. Este es el medio más popular de todos para recaudar ingresos.

Hay una nueva revelación en el comercio entre naciones que no puede pasarse por alto. Ahora se puede considerar establecido que las materias primas en las partes favorecidas del mundo han alcanzado el poder de atraer capital y habilidades, de modo que, por lo general, se manufacturarán cerca de sus fuentes. Diversos pueblos muestran una capacidad insospechada para la manufactura; los hombres y mujeres pobres de la India, los peones de México, los negros de América resultan ser operarios de molino satisfactorios. Los chinos y japoneses también se están convirtiendo en tales operarios. Gran Bretaña y los Estados Unidos aportan unos pocos jefes de departamento; las máquinas automáticas requieren poca destreza en los trabajadores meramente operativos. Debemos esperar grandes cambios como resultado de este hecho. Le conviene a Gran Bretaña, que durante mucho tiempo fue la principal y, de hecho, casi la única nación manufacturera de importancia, y también a los Estados Unidos, mantener nuestro nivel de eficiencia al más alto en todos los departamentos. Pueden venir cambios que equivalen a una revolución por esta causa. Sir Sutherland, del P. & O., habló recientemente a sus accionistas sobre la posibilidad de ordenar la construcción de barcos de vapor en el Lejano Oriente. Sin embargo, creo que primero obtendrá estos de Gran Bretaña y América — es una larga distancia hasta el Lejano Oriente.

Aunque no esperemos un gran aumento en el comercio exterior de las naciones, nada comparable, por ejemplo, al crecimiento de su comercio interior, ya que la tendencia es que las naciones suplan sus principales necesidades, aún creo que el aumento de la población y de la riqueza, creando nuevas necesidades y extendiendo el campo de las necesidades presentes, debe ser tal que mantenga el intercambio de artículos no solo en su volumen actual, sino con una pequeña proporción de aumento. ¡Cuán pequeño es el comercio exterior en comparación con el comercio interno! En el caso de los Estados Unidos, a pesar de que exportó manufacturas el año pasado (1899) por el valor de 80 millones de libras esterlinas ($400,000,000), esto no fue ni siquiera un insignificante 5 por ciento del valor total de sus manufacturas, que supera los 1,800 millones. Hay poco que temer en cuanto a las necesidades del mundo; la única preocupación de Gran Bretaña es seguir siendo y convertirse en el país que pueda satisfacerlas mejor.

Tanto por las relaciones comerciales angloamericanas. En estos días de amargo partidismo y sectarismo, parece casi esencial que surja un cuerpo de hombres inteligentes en cada centro que no conozca ni rango, ni riqueza, ni partido, ni credo en sus deliberaciones como miembros de dicho cuerpo, que subordinen todos los demás asuntos a aquellos que conciernen a la paz y prosperidad de su país; que extienda su visión a todos los pueblos de todas las tierras, considerando correctamente a los hombres en todas partes como una hermandad, unidos y por lo tanto dependientes en mayor o menor grado de una prosperidad común; y que vea en la paz y prosperidad de otras naciones resultados no antagónicos, sino tributarios a los suyos propios, descartando estas concepciones estrechas del político ordinario que ve en la guerra contra otras tierras beneficios para la propia, y, temo, ve aún más claramente la popularidad para sí mismo. Es esencialmente cierto en relación con las naciones comerciales, en especial, aquellas como Gran Bretaña que ha sido y debe seguir siendo, y como nuestra nueva República se está convirtiendo rápidamente, compartiendo rápidamente con el país madre los negocios del mundo, que no hay medida de prosperidad en ninguna parte del mundo en la que no compartamos.

Todo el mundo paga tributo a las naciones que suministran en un grado considerable sus necesidades. Por lo tanto, el mayor interés de Gran Bretaña y de América es la paz. De ahí, también, una política sabia para sostener la paz, un grave error de política para perturbarla, ya que no podemos destruir la prosperidad de ninguna nación sin afectar la nuestra. Cualquier aparente ganancia temporal de la lesión de otros es realmente una pérdida al final.

Esto es quizás lo que podríamos llamar una visión del futuro, pero se están tomando pasos hacia su aceptación incluso en nuestros días. El primer paso radica en desmontar la idea de que el comercio sigue a la bandera; el hecho es que el comercio huele la mejor oferta. El comercio no respeta banderas; la leal Canadá compra sus Union Jacks en Nueva York. Ella comercia con la República; tres veces más de lo que comercia con Inglaterra y en mayor medida que con todas las demás naciones combinadas.

En vano busca cualquier nación control político o nominal sobre territorio extranjero con vistas a una ventaja comercial permanente bajo libre comercio o leyes iguales para todos. Ella asegura o mantiene solo el mercado que puede abastecer mejor. Gastar millones de dinero y miles de vidas por el control político de un nuevo territorio puede considerarse necesario a veces por razones políticas, pero nunca por las necesidades del comercio.

Habremos ganado un paso adelante cuando se reconozca libremente que la adquisición política no es esencial para adquirir el comercio de un nuevo territorio. Esta verdad incluso América necesita reaprender ahora, ya que está tratando de adquirir el control político de Filipinas. Los intereses británicos y americanos están protegidos cuando se aseguran leyes iguales para todas las naciones.

Así, los intereses de ambos países en el comercio exterior se han vuelto los mismos y deberían llevar a una política común: la Puerta Abierta y la Paz, permitiendo a todas las naciones, a todas las personas seguir sus propias leyes de desarrollo en perfecta libertad. Hemos tenido muchas pruebas recientemente del adagio familiar de que la sangre es más espesa que el agua, mucho más espesa, como creo, entre los miembros de nuestra propia raza.

En el evidente acercamiento de la raza de habla inglesa y todo lo que esto implica, vemos el amanecer de un nuevo sentimiento en alza: el Patriotismo de Raza, un sentimiento de orgullo y devoción en la raza que ahora es dado por una mitad de la raza a la Union Jack, y por la otra mitad a las Estrellas y las Barras, la otra de las dos banderas que unidas tienen dominio sobre todos los hombres de habla inglesa, ya que no existe ninguna comunidad que hable nuestra lengua que no deba lealtad a uno u otro de estos símbolos. El borde plateado de las nubes de guerra en las que, ¡ay!, las dos ramas de nuestra raza están actualmente comprometidas, es que ha resultado que ahora están más cerca una de la otra que en cualquier momento desde que se separaron. Podemos afirmar con seguridad, creo que, con bastante seguridad, que no puede surgir ninguna cuestión entre las dos naciones, pero un solo pueblo, que no se resolverá de manera amistosa, que ningún gobierno puede existir en ninguno de los dos países lo suficientemente fuerte o malvado como para resistir la demanda de lo mejor del pueblo de ambos de que la resolución de diferencias no sea por el brutal arbitraje de la espada. Ha pasado el día en que los hombres de habla inglesa serán llamados a matarse entre sí en batalla. El sol no volverá a brillar sobre tal espectáculo. Hemos pasado esa etapa y hemos cerrado las páginas de esa horrenda historia para siempre.

¿Qué pasa entonces con el futuro cargado de este potente sentimiento de patriotismo racial que parece estar amaneciendo sobre nosotros? Nuestra propia raza, especialmente, es propensa a la enfermedad conocida como hambre de tierras. Gran Bretaña ha esparcido las manchas rojas de su soberanía por todo el mundo; nosotros hemos estirado nuestro territorio desde las costas del Atlántico tres mil millas hasta el Pacífico, desde el río San Lorenzo hasta el golfo de México, y, no contentos, me temo que, siguiendo el peligroso ejemplo de Gran Bretaña, estamos tratando de anexar territorios extranjeros. La verdad es que hemos tomado a pecho la Escritura que nos dice que los mansos heredarán la tierra, y la cual, según nuestro humorista Mark Twain, lo explicaba todo —nuestra raza es tan mansa; en todo caso, parece que no hemos perdido el tiempo en descubrir que la verdadera y única prueba confiable de los verdaderos herederos era si hablaban inglés.

Este periodo de expansión debe pasar pronto. Es la ley del desarrollo que cada país eventualmente se gobierne a sí mismo. Canadá ya lo hace,

Australia está a punto de asumir la soberanía completa, ambos tienen sus propios aranceles fiscales, incluso contra los productos de Inglaterra. Las diecisiete repúblicas de Sudamérica, recientemente gobernadas por España, ahora son todas independientes y autónomas. Solo durante los periodos de desarrollo pueden las potencias distantes gobernar y mantener su control sobre un pueblo, pero durante esta etapa, tales pueden ser los efectos benignos del gobierno que, incluso después de que el control práctico haya sido asumido por la nueva comunidad, los lazos entre madre e hijo no solo pueden permanecer intactos, sino que pueden ser más fuertes que nunca antes. De esto, Canadá y Australia ofrecen prueba suficiente. Gracias a la sabia, amable, pacífica y conciliadora política seguida, se ha creado un patriotismo racial dentro del Imperio que depende de fuerzas morales, las más duraderas de todas, no de la ley sino del amor. El éxito de la política colonial de Gran Bretaña en tiempos recientes es uno de los triunfos más grandiosos jamás logrados por una nación, quizás el más grandioso de todos. Solo ha sido posible mediante medios pacíficos, no mediante la guerra, una victoria mucho más renombrada que cualquier conquista por la fuerza y más perdurable, como mostrará el futuro.

La bandera de Gran Bretaña ondea sobre Canadá y Australia; por deseo de su gente, forman parte integral del sólido y unido conjunto, y la pregunta ahora es si esta federación de la raza se detendrá dentro del Imperio, o finalmente se desarrollará en un consejo federal para toda la raza que gobierne las relaciones internacionales que implican la paz mundial, dejando el autogobierno a cada país en todos los demás asuntos, incluso en cuanto a la forma de gobierno, ya sea una república coronada o no coronada. He registrado la predicción hace años de que nuestra raza de habla inglesa un día estaría nuevamente unida, y no fue hace tanto tiempo. Aquí hay un campo propicio para que nuestra Cámara de Comercio cultive, pues se orienta hacia la paz y la buena voluntad. Por ahora, al menos, pueden ejercer su influencia para fortalecer los buenos sentimientos, el acercamiento de las dos ramas.

No mencioné uno de los mejores, quizás el mejor, de todos los resultados de nuestra política temporal de Protección. Nos ha traído a tantos fabricantes británicos para establecer industrias y así desarrollar nuestros recursos: los Clarks y los Coatses de Paisley, los Dolans de Yorkshire, los Sandersons de Sheffield y, por último, pero ciertamente no menos importante, un gran premio de Halifax. ¿Quién podría esperar que no exaltáramos nuestra idea de Protección si capturamos a los Firths? No debemos alinearlos por un rescate regio, necesitamos tantos de la calidad de Halifax como sea posible. Siempre que nuestros aranceles lo permitan, todos pueden tomar una venganza completa, venir y disfrutar de un comercio libre perfecto en las cuarenta y cinco naciones de la Unión y ser felices. La República los llama a venir, a todos. Impone los mayores impuestos a las gemas y cosas preciosas importadas, pero estas joyas sin precio son admitidas libres de impuestos.

No es solo por su valor industrial que deben ser valorados, sino como vínculos que unen las tierras antiguas y nuevas, la madre y el hijo juntos. Algunos de los miembros más jóvenes de la firma se establecen entre nosotros, sus hijos se casan con estadounidenses, o cuando visitan el viejo hogar, contraen alianzas allí, y el verdadero angloamericano es el resultado, quien no es poco probable que se convierta en el hombre del futuro, poseedor de las virtudes y la fortaleza de ambas razas y de los vicios o debilidades de ninguna, y quien, en cualquier caso, podemos estar seguros, será el principal discípulo del patriotismo racial y trabajará para la llegada del día de la ciudadanía común dentro de los amplios y siempre expansivos límites de nuestra raza.

Negocios

El NEGOCIO es una palabra de gran envergadura y, en su sentido primario, abarca todo el espectro de los esfuerzos humanos. Es asunto del predicador predicar, del médico practicar, del poeta escribir, del profesor universitario enseñar y del estudiante de universidad, uno podría pensar a veces, por la cantidad de atención que se le dedica, jugar fútbol americano. No hablaré de «negocio» en este sentido amplio, sino específicamente como lo define el Diccionario Century:

«Ocupaciones mercantiles y manufactureras colectivamente; empleo que requiere conocimiento de contabilidad y métodos financieros; la ocupación de llevar a cabo el comercio; o transacciones monetarias de cualquier tipo».

Pero debemos ir un paso más allá para definir más estrictamente el negocio, tal como lo voy a considerar. ¿Está un presidente de ferrocarril que recibe un salario, o el presidente de un banco, o un funcionario asalariado de cualquier tipo, operando un negocio? Estrictamente hablando, no lo está; para que un hombre esté en algún negocio, debe ser al menos parcialmente dueño de la empresa que gestiona y a la que dedica su atención, y depender principalmente de sus ingresos no del salario, sino de las ganancias. Esta visión excluye a toda la clase asalariada. Ninguno de estos hombres es ahora un hombre de negocios, aunque muchos de ellos lo han sido, y con gran éxito en ello. El empresario puro y simple se lanza y navega en las olas de los asuntos humanos sin un salvavidas en forma de salario; arriesga todo.

No hay gran fortuna que venga del salario, por alto que sea, y el hombre de negocios persigue la fortuna. Si es sabio, pone todos sus huevos en una cesta y luego vigila esa cesta. Si es un comerciante de café, se dedica al café; si es un comerciante de azúcar, se dedica al azúcar y deja el café de lado, y solo los mezcla cuando toma su café con azúcar. Si mina carbón y lo vende, se dedica a los diamantes negros; si posee y navega barcos, se dedica a la navegación, y deja de asegurar sus propios barcos tan pronto como tiene capital excedente y puede soportar la pérdida de uno sin poner en peligro la solvencia; si fabrica acero, se dedica al acero y evita estrictamente el cobre; si mina mineral de hierro, se dedica a eso y evita cualquier otro tipo de minería, especialmente la minería de plata y oro. Esto es porque el hombre solo puede dominar completamente un negocio, y solo un hombre capaz puede hacerlo. Nunca he conocido al hombre que comprendiera plenamente dos tipos diferentes de negocio; no se puede encontrar más pronto que se puede encontrar a un hombre que piense en dos idiomas por igual y no piense invariablemente solo en uno. La subdivisión, la especialización, es el orden del día.

Tengo ante mí a muchos representantes de todas las clases de estudiantes. Si pudiera mirar en sus corazones, encontraría muchas ambiciones diferentes; algunos aspirando a la distinción en cada una de las profesiones; algunos serían abogados, otros ministros, otros médicos, otros arquitectos, otros electricistas, otros ingenieros, otros maestros, y cada uno tiene ante sí, como modelos, nombres honrados que han alcanzado el más alto rango en estas profesiones. Los abogados en embrión ante mí rivalizarían con Marshall y Story del pasado, o Carter y Choate del presente; el predicador sería un Brooks o un Van Dyke; el médico, un Janeway o un Garmany; el editor sería un Dana; el arquitecto, un Richardson, y, habiendo alcanzado la cima de su querida profesión, su ambición entonces se vería satisfecha. Al menos, eso piensan por el momento. Con estas clases no tengo nada que ver directamente hoy, porque todos ellos son entusiastas profesionales. Sin embargo, las cualidades esenciales para el éxito en las profesiones son en su mayoría las mismas que aseguran el éxito en los negocios, así que mucho de lo que tengo que decir les aplica igualmente a todos ustedes.

Quedan entre ustedes aquellos que navegarían el incierto mar de los negocios, y se dedicarían a hacer dinero, una gran fortuna, de tal forma que se conviertan en millonarios. Estoy seguro de que, aunque esto pueda estar principalmente en sus pensamientos, no es todo lo que buscan en una carrera empresarial; sienten que en ello hay espacio para el ejercicio de grandes habilidades, de emprendimiento, energía, juicio, y todos los mejores rasgos de la naturaleza humana, y también que los hombres de negocios prestan un servicio útil a la sociedad.

Trataré de arrojar un poco de luz sobre el camino hacia el éxito, de señalar algunas de las rocas y peligros en ese traicionero mar, y de dar algunos consejos sobre la forma de navegar su barco, o remar su bote, en especial si el golpe rápido o el lento es más seguro para ganar en la larga carrera.

El inicio

Comencemos, entonces, por el principio. ¿Alguno de los aspirantes a empresarios ante mí se contenta con prever su futuro, imaginándose trabajando toda su vida por un salario fijo? Estoy seguro de que no. En esto radica la línea divisoria entre negocios y no-negocios; el primero es el dueño que depende de las ganancias; el otro, un sirviente y depende del salario. Claro está, todos deben comenzar como sirvientes con salario, pero no todos deben terminar allí.

Tienen cierta dificultad para conseguir un comienzo, gran dificultad por lo general, pero aquí entra en juego el estudiante excepcional. Para él no hay mucha dificultad; ha atraído la atención de sus profesores, quienes conocen a muchos hombres de negocios; ha ganado premios, es el primero de su clase; ha demostrado una habilidad inusual, fundada en características que seguramente destacarán en la carrera; se ha probado a sí mismo como respetuoso, con hábitos irreprochables, buen sentido, método, industria incansable, y sus horas libres las pasa adquiriendo conocimiento, siendo ese el trabajo en el que más se deleita.

Un punto vital más: sus finanzas siempre son sólidas, vive rigurosamente dentro de sus medios, y lo último, pero no menos importante, ha demostrado que su corazón está en su trabajo. Además de todo esto, usualmente cuenta con una fuerte garantía de futura industria y utilidad ambiciosa: no está cargado de riqueza; es necesario que se haga su propio camino en el mundo. Aún no es millonario, pero está en camino de serlo. No tiene un padre rico o, peor aún, una madre rica, que pueda y quiera mantenerlo en la ociosidad si fracasa; no tiene un salvavidas, y, por lo tanto, debe hundirse o nadar. Antes de que ese joven deje la universidad, ya es un hombre marcado. Más de una avenida se le abre. La puerta se abre antes de que él esté listo para llamar; el empleador sagaz lo espera. No es el certificado escrito de su profesor, pues los certificados suelen leerse y se leen entre líneas, sino una palabra o dos dirigidas al hombre de negocios que siempre está en busca del joven graduado excepcional ha asegurado para el joven todo lo que necesita: un comienzo. La adquisición más valiosa para su negocio que un empleador pueda obtener es un joven excepcional; no hay trato tan fructífero como este.

Es, por supuesto, mucho más difícil para el estudiante promedio; por lo general, debe buscar empleo, pero finalmente también consigue un comienzo.

Aperturas al éxito

Es la carrera del estudiante excepcional la que ilustra el camino hacia el éxito. No necesitamos preocuparnos por él; está bien. Ha sido arrojado al mar, pero no necesita ningún chaleco salvavidas; no necesita ser mimado; él nadará; no nació para ahogarse, y lo ves enfrentar las olas año tras año hasta que está a la cabeza de un gran negocio. Su comienzo, por supuesto, no es en la cima, está en la base; afortunadamente, porque esa es la razón por la que su progreso siempre ha sido ascendente. Si hubiera comenzado alto, no habría tenido la oportunidad de hacer un ascenso continuo. No importa mucho cómo empiece, porque las cualidades en él son tales que producen ciertos efectos en cualquier campo en el que entre. Avanza con un salario muy pequeño realizando ciertas tareas pequeñas, de hecho, mucho más pequeñas de lo que él cree capaz de realizar, pero estas las lleva a cabo a fondo.

Algún día, de alguna manera, sucede algo que lo lleva a la atención de su superior inmediato. Objeta a algún plan propuesto y piensa que se puede mejorar de alguna manera, o se ofrece a ayudar en un departamento que no es el suyo; o, se queda un día más tarde en su trabajo de lo habitual, o va una mañana antes, porque había alguna parte del negocio que no se había resuelto completamente la noche anterior, o había algo por empezar a la mañana siguiente que temía que no estuviera listo o justo, y «simplemente baja temprano para asegurarse». Su empleador ha estado algo ansioso sobre el mismo punto, y él también baja temprano esa mañana y encuentra a su joven asalariado mostrando que no trabaja solo por el salario; no es meramente un asunto de «contrato y salario» para él; no es ese tipo de joven; está trabajando por el éxito del negocio. O puede ser que algún día su empleador proponga un cierto modo de acción respecto a la cuenta de un cliente; tal vez el joven ha comenzado en la oficina y le han pedido que se ocupe de los créditos, una parte muy importante. Sus empleadores desean cerrar este crédito, lo cual, quizás, dificultaría al cliente. Este joven, conocido por el cliente, ha tenido que visitar su lugar ocasionalmente en el curso de los negocios, cobrando sus cuentas o tratando de cobrarlas, y modestamente dice que es un excelente tipo, destinado a tener éxito, que maneja su negocio con métodos justos y sabios, y solo necesita un poco de indulgencia temporal para salir adelante.

El empleador tiene fe en el juicio y la habilidad del joven, piensa que es una sugerencia bastante fuerte para que la haga un empleado, pero le dice: «Encárgate de este asunto y asegúrate de que no perdamos; pero, por supuesto, no deseamos perjudicar a uno de nuestros clientes; si podemos ayudarlo sin riesgo, deseamos hacerlo». El joven se encarga del asunto, y los resultados demuestran que tenía toda la razón; el cliente se convierte en uno de los mejores de todos sus clientes, y uno que requeriría mucho esfuerzo para quitarle a la empresa.

O, quizás, el joven brillante puede haber notado las pólizas de seguro sobre las instalaciones y sus fechas de expiración; descubre que este hecho ha pasado desapercibido, que algunos de los seguros han caducado y son inválidos. No es asunto suyo; no le pagan para encargarse de los seguros de la empresa; en un sentido —el sentido estricto—, eso es responsabilidad de otra persona, pero se atreve a señalarlo y sugiere que se deben pagar las primas. Pero ahora noten la ventaja de una lectura y educación general. Este joven ha leído los periódicos y revistas, y se entera de varias «prácticas empresariales astutas» por las cuales a veces se defrauda al asegurador del seguro, y en especial ha leído sobre nuevos métodos y planes de seguro económicos. Sugiere que sería bueno cambiar esta y aquella póliza a otra compañía muy sólida y de larga trayectoria. Como ven, señores, el hombre de negocios de hoy debe leer, sí, y estudiar, e ir a la raíz de muchas cosas, para evitar las trampas que rodean al negocio por todas partes. No sería un empleador digno de tener si no notara el tipo de joven que es este, aunque ahora se halle en el modesto papel de un empleado de oficina.

El segundo paso hacia arriba

Supongamos que eres electricista o ingeniero y provienes de Sibley, que es un buen lugar del cual provenir. En la gran empresa manufacturera, tan afortunada de asegurar tus servicios, tienes que ver con una rama humilde del trabajo. Descubres que hay algunas calderas que no son del todo seguras, y que los motores están construidos sobre principios mecánicos incorrectos y son muy derrochadores de combustible. Además, notas que uno de los motores pronto dará problemas, ya que el contratista no ha hecho un trabajo honesto en la fundación sobre la que está montado.

Al pasar por la fábrica una noche para ver si todo va bien, quizás descubras que un hombre en el que la empresa confía ha caído en malos hábitos, no es apto para el trabajo o quizás no está en su puesto, y que un accidente podría suceder por ello. Sientes que es tu deber tomar acción para proteger el negocio del peligro de un accidente. Diseñas los planos que muestran algunos defectos en la maquinaria y los presentas a tus empleadores con sugerencias sobre cómo solucionarlos, basadas en los últimos principios científicos que has aprendido en Sibley.

El empleador, por supuesto, es muy reacio a gastar dinero, y se enoja al saber que su maquinaria no es lo que debería ser. Pero, aunque su enojo explota y te envuelve por un momento, no te está gritando a ti; cuando la ira se disipa, se sienta y aprende de ti lo que unos pocos miles de dólares podrían ahorrar ahora. El resultado es que le dice al muchacho de Sibley que quiere que tomes este asunto, te ocupes de él y te asegures de hacerlo bien.

Ya la fortuna de ese joven está casi hecha. No podría esconder su luz debajo de un celemín aunque lo intentara, y el futuro hombre de negocios no es propenso a ese pecado y no quiere hacerlo; está completamente dedicado al negocio. No hay afectación ni falsa modestia en él. Conoce su negocio y se siente plenamente consciente y orgulloso del hecho de que lo conoce, y esa es una de las muchas ventajas que Sibley le ha dado, y está decidido a que su empleador no sepa menos que él al menos en ese punto. Nunca debes dejar de iluminar a tu empleador. No puedes mantener a un joven como ese relegado; y déjame decirte esto, ningún empleador desea mantenerlo atrás. Hay solo una persona tan feliz de encontrar a este joven como lo está el joven al encontrarse a sí mismo, y esa es su empleador. Vale un millón más o menos, pero por supuesto, no sería bueno para él obtenerlo siendo tan joven.

Ahora ha dado dos pasos hacia arriba. Primero, ha conseguido un comienzo y, en segundo lugar, ha satisfecho a su empleador con que presta un servicio excepcional, un paso decisivo; como dicen los franceses, «ha llegado,» y está ahí para quedarse. Su pie está en la escalera; cuán alto suba es cuestión suya. Está entre los pocos en el umbral mismo del negocio en su totalidad.

Sin embargo, hay mucho trabajo por delante después de esto. Este joven tiene celo y capacidad, y ha demostrado que también posee esa cualidad indispensable: el juicio. Además, ha mostrado otra cualidad esencial: que su corazón está en el negocio, que ninguna otra causa lo aparta de él, que esquiva las tentaciones muy seductoras que rodean a los jóvenes y concentra su atención, su tiempo y sus esfuerzos en el cumplimiento de sus deberes para con su empleador. Todos los demás estudios, ocupaciones y diversiones son subordinados al negocio, que tiene la primacía absoluta. Su salario, por supuesto, aumenta. Si resulta que ha sido contratado por un empleador que no aprecia completamente los servicios que ha prestado y está listo para prestar, otros empleadores no han fallado en notar que aquí se encuentra ese raro artículo, el joven excepcional, al servicio de su rival, y es posible que nuestro joven héroe tenga que cambiar de empleador. No ocurre con frecuencia, pero a veces sí sucede, que un joven tenga que hacerlo. Como regla general, el empleador está más que agradecido de que tal joven haya llegado a él, y se asegura de que le convenga quedarse. La confianza es un asunto de crecimiento lento, no obstante, y hay una gran diferencia entre un salario alto como empleado y la igualdad como socio.

La pregunta crucial

Sigamos rastreando su historia un poco más. Los servicios de este joven a la empresa han sido tales que algún día será necesario que visite a su empleador en su casa. No pasa mucho tiempo antes de que surjan muchas ocasiones que llamen al joven a la casa, donde ahora se le favorece por sus méritos por el hogar, y cuya naturaleza pronto se hace conocida. Entonces, el dueño comienza a preguntarse si podría algún día asociarlo, y luego viene la pregunta de preguntas: ¿Es honesto y verdadero? Permítanme detenerme aquí un momento. Señores, esta es la pregunta crucial, la piedra angular del arco; porque ninguna cantidad de habilidad tiene el menor valor sin honor. Cuando Burns describió el Genio de Escocia en «La Visión», estas maravillosas palabras le vinieron a la mente:

Su ojo, aun vuelto hacia el espacio vacío, Brillaba agudamente con honor.

No hay ocultamiento, no hay prevaricación, no hay especulación, tratando de ganar algo por lo cual no se ha prestado ningún servicio; nada hecho que, si se publicara, involucraría tu vergüenza. El hombre de negocios busca primero en su socio «el alma del honor», uno que desviarse del camino estrecho, incluso para servirle, solo perdería su confianza. ¿Es inteligente? ¿Es capaz de formar un juicio correcto, basado en el conocimiento, sobre cuestiones distantes y de amplio alcance? Los jóvenes, sí, y también los hombres mayores, a veces se casan apresuradamente, lo cual es muy insensato en ambas clases. Pero una asociación rara vez se hace con prisa. No son una o dos cualidades las que lo garantizan, sino un carácter integral, deseable en muchos aspectos, altamente objetable en ninguno, y con habilidades especiales en una o dos áreas.

A menudo escuchamos en nuestros días que es imposible para los jóvenes convertirse en propietarios, porque los negocios se llevan a cabo a una escala tan grande que el capital necesario alcanza millones y, por lo tanto, el joven está condenado a una vida asalariada. Ahora bien, hay algo en esa visión solo en lo que respecta a las grandes corporaciones, porque un interés en ellas solo es alcanzable con capital; puedes comprar tantas acciones por tantos dólares, y como la clase de jóvenes a los que me dirijo no está dispuesta a permanecer para siempre como asalariados, sino que están decididos más temprano que tarde a convertirse en hombres de negocios por cuenta propia, como dueños, no creo que el empleo en una gran corporación sea tan favorable para ellos como con propietarios privados, porque, si bien un joven puede aspirar a un gran sueldo en su servicio, eso es todo a lo que puede aspirar. Incluso los presidentes de estas corporaciones, siendo solo asalariados, no deben considerarse estrictamente como hombres de negocios en absoluto. ¿Cómo, entonces, puede un joven bajo ellos ser algo más que un hombre asalariado toda su vida?

Dónde buscar oportunidades

Muchos negocios que han sido exitosos durante largo tiempo como asociaciones se convierten en sociedades anónimas, y las acciones se ofrecen en el mercado. Profesionales, ingenuamente ajenos al negocio, y, lamento decirlo, muchas veces clérigos y artistas, son engañados para comprar. El público compra el negocio, pero deberían haber comprado al hombre o a los hombres que hicieron el negocio.

Recuerdas la historia de Travers. Un amigo llamó a Travers para que viera un perro que deseaba comprar para despejar su invernadero de ratas, y cuando el conocedor de perros se dispuso a mostrarle cómo este perro demolía estas plagas, una gran y vieja rata persiguió al perro. El amigo de Travers le dijo:

«¿Qué harías tú?»

Travers respondió: «C-c-compra la rata».

El público a menudo compra lo incorrecto.

Sería un excelente estudio para ti leer frecuentemente las listas de acciones de diversas compañías. Encontrarás que algunos periódicos dan las listas, luego nota el valor nominal de las acciones y el precio al que puedes comprarlas. Se puede decir que este valor nominal está sobre un capital ficticio. Esto es cierto solo en algunos casos; en las compañías manufactureras especialmente creo que lo contrario es la regla. El capital no representa plenamente el costo de las propiedades.

Pero hay muchas corporaciones que no son corporaciones, muchos casos de asociaciones en los que se ha adoptado la forma corporativa, y, sin embargo, el negocio continúa sustancialmente como una asociación, y comparando tales instituciones con las grandes corporaciones cuya propiedad está aquí, allá y en todas partes, encontramos una diferencia notable. Toma, por ejemplo, las grandes líneas de barcos de vapor del mundo. La mayoría de estas, como bien saben aquellos que leen bien, no generan rendimientos para sus accionistas. Las acciones de algunas de las compañías más grandes se han vendido a la mitad y a veces a un tercio de su costo. Estas son corporaciones, puras y simples, pero si miramos otras líneas que operan en los mismos océanos, que son gestionadas por sus propietarios y en las que, generalmente, un gran hombre de negocios está profundamente interesado y al mando, encontramos grandes dividendos cada año y montos puestos en el fondo de reserva. Es la diferencia entre el individualismo y el comunismo aplicado a los negocios, entre los propietarios gestionando su propio negocio como socios y una sociedad anónima de mil propietarios cambiantes e ignorantes del negocio.

El mismo contraste puede ser trazado en cada rama del negocio, en el comercio, en la manufactura, en las finanzas, en el transporte por tierra, así como por mar. Esto es similar con los bancos. Muchos bancos son realmente propiedad de unos pocos hombres de negocios. Estos pronto se convierten en los bancos líderes, y sus acciones invariablemente se cotizan al más alto premio, especialmente si el presidente del banco es el mayor propietario, como es en muchos de los casos más notables de éxito. En tales corporaciones asociadas existe toda oportunidad para que el próximo hombre de negocios obtenga propiedad que existe en las asociaciones puras, pues los propietarios de ambas gestionan los asuntos y están en constante búsqueda de habilidad.

No seas quisquilloso; toma lo que los dioses ofrecen. Comienza, si es necesario, con una corporación, siempre manteniendo los ojos abiertos para una oportunidad de interesarte en un negocio propio. Recuerda que cualquier negocio puede ser exitoso, porque satisface alguna necesidad esencial de la comunidad; realiza una función necesaria, ya sea en la manufactura, que produce un artículo, o en su recolección y distribución por el comerciante; o el banquero, cuyo negocio es cuidar e invertir el capital.

No hay una línea de negocios en la que el éxito no sea alcanzable.

Un secreto del éxito

Es una cuestión sencilla de trabajo honesto, habilidad y concentración. No hay duda de que hay lugar en la cima para hombres excepcionales en cualquier profesión. Estos no tienen que buscar patrocinio; la cuestión es, más bien, ¿cómo asegurar sus servicios? Y, al igual que en todas las profesiones, en todos los ámbitos de los negocios hay bastante espacio en la cima. Tu problema es cómo llegar allí. La respuesta es simple: lleva tu negocio con un poco más de habilidad que el hombre promedio en tu sector. Si solo estás por encima del promedio, tu éxito está asegurado, y el grado de éxito es proporcional al mayor grado de habilidad y atención que pongas por encima del promedio. Siempre hay unos pocos en los negocios que están cerca de la cima, pero siempre hay una cantidad infinitamente mayor en y cerca del fondo. Y si no logras ascender, la culpa no es de la suerte, sino de ti mismo. Aquellos que fracasan pueden decir que tal o cual hombre tuvo grandes ventajas, los destinos fueron propicios, las condiciones favorables. Ahora bien, hay muy poca verdad en esto; un hombre cae en medio de un río que intenta saltar y es arrastrado, y otro intenta la misma hazaña y aterriza al otro lado. Examina a estos dos hombres. Descubrirás que el que falló carecía de juicio; no había calculado los medios para el fin; era un tonto; no se había entrenado; no podía saltar; se arriesgó. Era como la joven que, al preguntarle si podía tocar el violín, dijo que «no lo sabía, nunca lo había intentado». Ahora, el otro hombre que saltó el río se había entrenado cuidadosamente; sabía aproximadamente hasta dónde podía saltar, y había algo «absolutamente seguro» para él: sabía que, en cualquier caso, podía saltar lo suficiente como para aterrizar en un punto desde el cual pudiera vadear hasta la orilla e intentarlo de nuevo. Había demostrado juicio.

El prestigio es un gran asunto, amigos míos. Un joven que tenga el historial de hacer lo que se propone encontrará, año tras año, que su campo de operaciones se extiende y las tareas que se le asignan son cada vez mayores. Por otro lado, el hombre que tiene que admitir el fracaso y acudir a sus amigos para obtener ayuda y hacer un nuevo intento está en una posición muy mala, en verdad.

Graduados universitarios en negocios

Los graduados de nuestros colegios y universidades en años anteriores se graduaban cuando aún eran adolescentes. Hemos cambiado esto, y ahora los graduados son, por lo general, mayores cuando comienzan la lucha de la vida, pero se les enseña mucho más. A menos que el joven universitario emplee su tiempo de la mejor manera posible adquiriendo conocimientos sobre la actividad que será el negocio principal de su vida, entrará en el ámbito empresarial en desventaja con respecto a los hombres más jóvenes que ingresan en su adolescencia, aunque carezcan de educación universitaria. Esto se da por sentado.

Ahora, la pregunta es: ¿Podrá el graduado que ha habitado en la región de la teoría alcanzar al hombre que le lleva uno o dos años de ventaja, involucrado en el campo educativo duro y severo de la práctica? Que esto es posible para el graduado también se da por sentado, y que debería, en la vida posterior, poseer puntos de vista más amplios que el hombre de negocios corriente, privado de educación universitaria, también es cierto. Por supuesto, la carrera en la vida es para aquellos cuyo registro es mejor al final; el principio se olvida y no tiene importancia.

Pero si el graduado alguna vez va a alcanzar al primer competidor en la carrera, debe ser por poseer un mayor poder de permanencia; se debe confiar en que su conocimiento superior lleve a un juicio más sólido para ganar la carrera al final. Hay algunos inconvenientes que debe esforzarse por evitar: la falta de autodisciplina severa, de concentración intensa y de ambición vehemente, que usualmente caracterizan al hombre que comienza antes de que los hábitos de adultez se formen. Es probable que los hábitos del joven en la universidad, después de que ya es un hombre, y los hábitos del jovencito en el ámbito empresarial difieran.

Hay otra gran desventaja que el hombre mayor tiene que superar en la mayoría de los establecimientos comerciales exitosos. Allí se encontrará en operación un sistema estricto de servicio civil y promoción sin favoritismo. Por lo tanto, es muy difícil encontrar admisión al servicio en cualquier grado que no sea el más bajo. Uno tiene que comenzar desde abajo, y esto es mejor para todas las partes involucradas, especialmente para el joven graduado.

El graduado excepcional debería sobresalir sobre el no graduado excepcional. Tiene más educación, y la educación siempre contará, si las otras cualidades son iguales. Tome a dos hombres con igual capacidad natural, energía y la misma ambición y características, y el hombre que ha recibido la mejor, más amplia y más adecuada educación tiene la ventaja sobre el otro indudablemente.

Empresarios y especuladores

Todas las monedas puras tienen sus falsificaciones; la falsificación del negocio es la especulación. Un hombre de negocios siempre da valor a cambio de sus ingresos y, por lo tanto, realiza una función útil. Sus servicios son necesarios y benefician a la comunidad; además, trabaja constantemente en el desarrollo de los recursos del país y, así, contribuye al avance de la humanidad. Esta es la moneda genuina. La especulación, por el contrario, es un parásito que se aferra al trabajo de los hombres de negocios. No crea nada y no satisface ninguna necesidad. Cuando el especulador gana, toma dinero sin prestar ningún servicio ni dar algo de valor a cambio, y cuando pierde, su compañero especulador le quita el dinero. Es una operación puramente de juego entre ellos, degradante para ambos. Nunca se puede ser un hombre de negocios honesto y especulador al mismo tiempo. Los modos y objetivos de una carrera son fatales para la otra. Ningún hombre de negocios puede especular honestamente, porque aquellos que confían en él tienen derecho a esperar estricta adherencia a los métodos empresariales. El acreedor asume los riesgos habituales del negocio, pero no los de la especulación. Lo genuino y lo falso no tienen nada en común.

Que el 95 por ciento de aquellos que inician un negocio por su cuenta fracasan parece increíble, y, sin embargo, se dice que esas son las estadísticas sobre el tema. Aunque se dice que las cifras dicen cualquier cosa, aún es un hecho que la proporción es muy alta. No pienses que deseo desalentarte de intentar ser tu propio jefe y tener un negocio propio; muy lejos de eso. Además, el próximo hombre de negocios no se desanimará con nada de lo que alguien pueda decir. Es un verdadero caballero que dice con Fitzjames:

«Si el camino es conocido por ser peligroso,
el peligro en sí mismo es suficiente incentivo».

El joven que está decidido a ser un hombre de negocios no será frustrado, ni será desviado hacia cualquier otro canal, y va a empezar y hacer un intento; intentará «hacer una cuchara o estropear una corneta» en el intento de hacerla. Debe continuar adelante y averiguarlo. Habrá tiempo suficiente para confinarse a una esclavitud de por vida como simples receptores de un salario después de haber intentado hacer negocios y realmente descubrir si posee todas las cualidades necesarias.

He intentado esbozar el camino del graduado excepcional desde el salario hasta la asociación. No es un esbozo de fantasía; no pasa un día sin cambios en muchas empresas que elevan a jóvenes a la asociación, y en cada ciudad no pasa un primer día de enero sin tales promociones. Los negocios requieren sangre joven para su existencia. Si alguno de ustedes se siente desalentado en este punto, permítanme contarles dos historias dentro de mi propia experiencia, que ciertamente deberían animarlos.

Hay un gran fabricante, el más grande del mundo en su línea. Lo conozco bien, un hombre espléndido que ilustra la carrera empresarial en su mejor versión. Ahora, como todos los hombres de negocios sensatos, a medida que envejecía, se daba cuenta de que debía introducir sangre nueva en su negocio; que, si bien le era relativamente fácil gestionar el extenso negocio en el presente, era prudente prever su continuación en manos capaces después de su retiro. Los hombres ricos raramente tienen hijos que hereden el gusto por los negocios. No estoy preocupado en decir si esto es bueno o malo. Considerando a la raza humana en su conjunto, creo que es para bien.

Si los hijos de los ricos tuvieran las necesidades de los pobres y, por lo tanto, sus habilidades ambiciosas, habría menos oportunidades para los estudiantes de las universidades. Este hombre no buscaba sangre nueva entre los miembros de su familia. Un joven al servicio de una corporación había atraído su atención en la gestión de ciertos asuntos comerciales relacionados con la empresa. El joven tenía que visitar frecuentemente a este señor. El hombre sabio no se precipitó en el asunto. Sobre su capacidad se satisfizo pronto, pero eso cubría solamente uno de muchos puntos. ¿Cuáles eran los alrededores, hábitos, gustos y adquisiciones del joven? Más allá de sus negocios inmediatos, ¿cuál era su naturaleza? Encontró todo en estos asuntos tal como lo quisiera. El joven estaba apoyando a una madre viuda y a una hermana; tenía como amigos a algunos jóvenes excelentes y a algunos mayores que él; era un estudiante; era un lector; tenía altos gustos, por supuesto; apenas necesito decir que era un joven altamente respetuoso de sí mismo, el alma de honor, incapaz de cualquier cosa baja o vulgar; en resumen, un joven modelo y, por supuesto, pobre—eso se sobreentiende.

El joven fue llamado y el millonario le dijo que le gustaría mucho probarlo en su servicio, y le preguntó si aceptaría la prueba. El millonario expresó francamente lo que buscaba: un joven hombre de negocios que pudiera desarrollarse y, finalmente, aliviarle de muchos cuidados. El acuerdo era que debía venir por dos años como empleado, sujeto a las reglas de los empleados, que en este caso eran muy estrictas, porque tenía que estar en la fábrica unos minutos antes de las siete de la mañana. Debía tener un salario algo mayor que el que había recibido, y si al final de dos años no se había dicho nada de ninguna de las partes, no había obligaciones; cada uno era libre. Simplemente estaba a prueba. El joven, orgullosamente, dijo que no lo tendría de otra manera.

El negocio continuó. Antes de que los dos años expiraran, el empleador estaba satisfecho de haber encontrado esa cosa extremadamente rara: un joven hombre de negocios. Qué cantidad de cualidades abarca esto, incluyendo el juicio, porque sin juicio un hombre de negocios no vale nada. El empleador le dijo al joven que estaba encantado con él, contento con sus servicios y expresó su alegría de haberlo encontrado. Ya había arreglado interesarlo en la empresa. Pero, para su asombro, el joven respondió:

—Gracias, gracias, pero me es imposible aceptar.

—¿Qué sucede? ¿Tú me sirves; yo no te sirvo a ti?

—Perdóneme, señor, pero por razones que no puedo explicar, debo dejar su servicio en seis meses, cuando se cumplan mis dos años. Quería avisarle con tiempo para que pudiera encontrar a alguien que ocupe mi puesto.

—¿A dónde vas?

—Voy al extranjero.

—¿Has hecho algún compromiso?

—No, señor.

—¿No sabes a dónde vas?

—No, señor.

—¿Ni lo que vas a hacer?

—No, señor.

—Señor, lo he tratado bien y creo que merezco conocer la verdadera razón. Creo que es su deber decírmelo.

La razón fue arrancada del joven: «Usted ha sido demasiado bueno conmigo. Daría cualquier cosa por poder quedarme con usted. Incluso me invitó a su casa; ha estado ausente viajando; me pidió que llamara a menudo para llevar a su esposa e hija a los entretenimientos que desearan asistir, y ya no puedo soportarlo más».

Bueno, el millonario, por supuesto, descubrió lo que todos ustedes han sospechado, justamente lo que habrían hecho en las mismas circunstancias; se había enamorado de la hija. Ahora, en este país, no se consideraría una indiscreción tan grave, y no aconsejo a ninguno de ustedes que luche mucho contra ello. Si realmente aman, deberían pasar por alto la objeción de que es la hija de su empleador la que ha conquistado su corazón, y que pueden tener que cargar con el peso de las riquezas. Pero en el país del que hablo se consideraría deshonroso para un joven empleado cortejar a una joven sin el permiso de los padres.

—¿Has hablado con mi hija? —preguntó.

El joven apenas se dignó a responder.

—Por supuesto que no.

—¿Nunca le dijiste una palabra, ni la hiciste sospechar de ninguna manera?

—Por supuesto que no.

—Bueno —dijo—, no veo por qué no deberías; eres el tipo de yerno que quiero, si puedes conquistar a mi hija.

Muy extraño, pero, de alguna manera, la joven no difería de papá; él era el tipo de esposo que ella quería. Ahora, ese joven es un hombre de negocios feliz.

Romance en los negocios

Tengo otra historia que ocurrió en otro país. Ambos suegros me contaron estas historias ellos mismos, y son hombres orgullosos, así como yo estoy orgulloso de su amistad. Verás, los negocios no son toda esa vida dura y prosaica que se imagina. Hay romance y sentimiento en ellos, y entre más grande, más exitoso y más útil es el negocio, en mi experiencia, se encuentra más romance e imaginación. Los mayores triunfos, incluso en los negocios, provienen del romance, el sentimiento y la imaginación, especialmente en la empresa de una firma a nivel mundial.

La otra historia es tan similar a la primera que narrarla con éxito es imposible. Todos llegarían rápidamente a la conclusión, y los detalles en estos casos no importan. Es como cuando empecé a contarles a mis jóvenes sobrinos sobre la batalla de Bannockburn; ahí estaban los ingleses y allí estaban los escoceses. «¿Quién ganó, tío?» gritaron los tres a la vez — los detalles eran innecesarios. Pero en este caso no hubo batalla. Yo infiero que todo se resolvió mediante un arbitraje amistoso.

No la contaré en detalle, como hice con la otra, pero es precisamente igual, excepto que el joven en este otro caso no fue empleado más que de la manera ordinaria. Los servicios del joven eran necesarios, y fue empleado. Finalmente se convirtió en el secretario privado del millonario, con resultados igualmente fatales. En este caso, sin embargo, el padre pidió a este joven ejemplar y capaz que cuidara de sus hijos durante su ausencia. Esto requería visitas a la residencia en la casa de campo, y deportes y juegos con sus hijos. Mi amigo olvidó que tenía una hija, y no debería haber hecho esto. Cuando se conviertan no solo en jefes de negocios, sino también en cabezas de familia, deberían tomar nota de esto y no pensar solo en sus hijos. El secretario privado, quien fue solicitado para atender a los hijos, de alguna manera u otra, al recibir sus instrucciones verbalmente, parece haber entendido que tenían un rango ligeramente más amplio. Al parecer, la hija necesitaba la mayor parte de su atención. Pero nota esto: estos dos jóvenes ganaron la confianza y capturaron el juicio y la admiración de sus empleadores — hombres de negocios — primero, y luego se enamoraron de las hijas. Estarás perfectamente a salvo si tomas las cosas en el mismo orden de precedencia.

Valor de una carrera empresarial

Quizás se me permita, sin alejarme demasiado del alcance de mi texto, hacer algunos comentarios sobre la influencia de una carrera empresarial en los hombres, en comparación con otras ocupaciones.

Primero, he aprendido que la carrera artística es muy limitante y produce celos mezquinos, vanidades desmedidas y rencores que me han ofrecido un gran contraste con lo que he encontrado en los hombres de negocios. Uno pensaría que la música, la pintura y la escultura deberían tener efectos muy benéficos sobre aquellos que trabajan con ellas como su vocación diaria. Sin embargo, la experiencia está en contra de esto. Tal vez sea porque el trabajo o la actuación de los artistas es tan personal, tan claramente visible, al ser presentado directamente ante el público, que las pasiones mezquinas se ven estimuladas; sea como fuere, creo que no se puede controvertir que la mente artística se vuelve prejuiciosa y estrecha. Pero, entiéndase, hablo sólo de clases y del efecto general; en todas partes encontramos excepciones que hacen que el promedio sea aún más insatisfactorio. En cuanto a las profesiones liberales, notamos el efecto que produce la especialización en un grado muy marcado.

En la clase ministerial esto no es tan marcado en nuestros días, porque los líderes en esa gran función se permiten un mayor alcance de temas que nunca antes, y están tratando menos con credos y fórmulas y más y más con los males prácticos y las deficiencias de la vida humana en sus diversas fases. Esto naturalmente ensancha la mente. Se ha sostenido que la profesión legal tiende a formar intelectos claros pero estrechos, y se señala que los grandes abogados rara vez han alcanzado una posición y poder preeminentes sobre sus semejantes. Esto no significa que los hombres que estudian derecho se conviertan en legisladores insatisfactorios o en estadistas y gobernantes deficientes. Si así fuera, nuestro país, entre todos los demás, estaría en mala situación, porque somos gobernados por abogados. Pero los estadounidenses más famosos que han sido grandes hombres no fueron grandes abogados; es decir, rara vez han alcanzado el rango más alto en la profesión, pero han aprovechado la ventaja inestimable que el estudio del derecho confiere a un estadista y se han desarrollado más allá de los límites de la profesión. Se nos recuerda que el gran abogado y el gran juez deben lidiar con reglas y precedentes ya establecidos; el abogado sigue los precedentes, pero el gobernante de hombres crea precedentes.

Comerciantes y profesionales

La tendencia de todas las profesiones, al parecer, debe ser hacer que lo que se conoce como la mente profesional sea clara, pero estrecha. Ahora, lo que se puede afirmar sobre los negocios como carrera es que el hombre de negocios está llamado a enfrentarse a una variedad siempre cambiante de cuestiones. Debe tener un juicio integral basado en el conocimiento de muchos temas. No es suficiente para el gran comerciante y hombre de negocios de nuestro tiempo que conozca bien su país, sus condiciones físicas, sus recursos, estadísticas, cultivos, vías navegables, sus finanzas, en resumen, todas las condiciones que afectan no solo el presente, sino que le brindan datos sobre los cuales puede predecir, con cierto grado de certeza, el futuro.

El comerciante cuyas operaciones se extienden a varios países también debe conocer estos países, y además las principales cosas que les conciernen. Su perspectiva debe ser mundial; nada puede ocurrir en el momento que no tenga repercusión en su acción —complicaciones políticas en Constantinopla; la aparición del cólera en el Este; el monzón en India; el suministro de oro en Cripple Creek; la aparición del escarabajo de Colorado o la caída de un ministerio; el peligro de guerra; la probabilidad de un arbitraje que obligue a un acuerdo— nada puede suceder en ninguna parte del mundo que él no deba considerar. Debe poseer una de las cualidades más raras: ser un excelente juez de personas; a menudo emplea a miles, y sabe cómo sacar lo mejor de diversos caracteres; debe tener el don de la organización —otro don raro— debe tener capacidad ejecutiva; debe ser capaz de decidir de manera rápida y sabia.

Ahora bien, ninguna de estas cualidades es tan absolutamente esencial para el especialista en cualquier rama o profesión. Por lo tanto, sigue una carrera que no solo tiende a agudizar su ingenio, sino a ampliar sus capacidades; diferente, también, de cualquier otra carrera, ya que no tiende a la especialización y al trabajo de la mente dentro de surcos estrechos, sino que tiende a desarrollar en una persona la capacidad de juzgar sobre una amplia base de datos. Ninguna vida profesional abarca tantos problemas, ninguna otra requiere una visión tan amplia de los asuntos en general. Creo, por lo tanto, que se puede decir justamente que la carrera empresarial debe ampliar y desarrollar las capacidades intelectuales de su devoto.

Por otro lado, la carrera profesional es inmensurablemente más noble en este sentido: que no tiene como fin principal el ignoble objetivo de ganar dinero y está libre del peligro más grave que acecha a la carrera de negocios, que es en un sentido la más sórdida de todas las carreras si se emprende con el espíritu equivocado. Ganar dinero es sin duda la consideración primordial para la mayoría de los jóvenes que ingresan en ella. Creo que si examinan sus corazones encontrarán que esto es cierto. Pero, aunque esto pueda ser lo primero, no debería ser lo último en consideración.

Hay un gran beneficio que un hombre puede aportar al desarrollar los recursos de su país; al proporcionar empleo a miles; al fomentar invenciones que resultan de gran beneficio para la humanidad y la ayudan a avanzar. El hombre de negocios exitoso pronto se eleva por encima del mero deseo de ganar dinero como el fin principal de sus labores; esto es reemplazado por pensamientos sobre los beneficios que realiza en la línea que acabo de mencionar. El comerciante pronto encuentra que su sentimiento más fuerte es el orgullo en la extensión de sus operaciones internacionales; en sus barcos navegando todos los mares. El fabricante encuentra su principal interés y recompensa en sus empleados, en sus instalaciones, en la maquinaria, en las mejoras, en la perfección de sus fábricas y métodos. El rendimiento rentable que obtienen es principalmente aceptable no porque sea mero dinero, sino porque denota éxito.

Hay un lado romántico, así como prosaico en los negocios. El joven que comienza en una firma financiera y trata con capital invertido de cien maneras diferentes — en bonos sobre nuestros sistemas ferroviarios, en dinero prestado al comerciante y al fabricante para permitirles realizar sus maravillas — pronto encuentra romance en los negocios y un espacio ilimitado para la imaginación. Puede proporcionar crédito a nivel mundial en su ámbito. Su simple carta llevará al viajero a la parte más remota del mundo. Incluso puede ser de servicio a su país en una crisis, como lo fue Robert Morris, el gran comerciante de Filadelfia, para el General Washington en la causa revolucionaria, o, como en nuestros días, lo han sido nuestros grandes banqueros al proporcionar oro a nuestro gobierno en varias crisis para evitar una calamidad.

El prejuicio desaparecido contra el comercio.

Si el joven no encuentra romance en su negocio, no es culpa del negocio, sino del joven. Considera las maravillas, los misterios relacionados con los desarrollos recientes en el más espiritual de todos los agentes: la electricidad, con sus poderes desconocidos y, tal vez, ni siquiera sospechados. Debe ser un joven aburrido y prosaico quien, estando relacionado con la electricidad en cualquiera de sus formas, no se eleva de un negocio monótono a la región de lo misterioso.

El negocio no se trata solo de dólares; estos son solo la cáscara —el núcleo está dentro y se disfrutará más adelante, a medida que las facultades superiores del hombre de negocios, constantemente llamadas a la acción, se desarrollen y maduren.

En la época del militarismo y la fuerza bárbara, había mucho desprecio por el hombre dedicado al comercio. ¡Qué completamente ha cambiado todo esto! Pero, de hecho, este sentimiento era de origen reciente, pues si miramos más atrás, encontramos a las familias más antiguas del mundo orgullosas de nada más que del papel que desempeñaban en los negocios. El saco de lana y la galera aún prosperan en sus escudos de armas.

Uno de los estadistas más influyentes en Inglaterra hoy en día, quizás el más influyente, es el Duque de Devonshire, porque tiene la confianza de ambas partes. Es el presidente de la Barrow Steel Company. Se descubrió que los miembros del actual gabinete conservador ocupaban sesenta y cuatro puestos de directores en diversas compañías comerciales, manufactureras y mineras. En Gran Bretaña hoy en día, la cuestión no es cómo mantenerse fuera del comercio, sino cómo entrar en él.

El Presidente de la República Francesa, un hombre con una carrera admirable, ha sido un hombre de negocios toda su vida. El antiguo sentimiento de aversión ha desaparecido por completo. Recuerda que el fallecido Emperador de Alemania quiso convertir a su amigo, el fabricante de acero Krupp, en un Príncipe del imperio, pero ese hombre de negocios estaba demasiado orgulloso de sus obras, y el hijo de su padre, y rogó al Emperador que lo excusara de degradar el rango que actualmente ostentaba como Rey del Acero. Dudo que el hijo de Herr Krupp, quien ahora ha sucedido al trono de su padre, hiciera una respuesta diferente hoy en día. En este momento, él es un monarca igual a su Emperador, y por lo que sé del joven Rey Krupp, igualmente orgulloso de su posición.

El antiguo prejuicio contra el comercio ha desaparecido incluso en los bastiones de Europa. Este cambio ha ocurrido porque el comercio en sí mismo ha cambiado. En los días antiguos, cada rama de negocio se conducía a una escala minorista muy pequeña, y los tratos pequeños en asuntos pequeños crean hombres pequeños; además, cada hombre tenía que ocuparse de los detalles y, de hecho, cada hombre fabricaba o comerciaba por sí mismo. Las cualidades superiores de organización y de iniciativa, de amplias perspectivas y de capacidad ejecutiva, no se ponían en juego.

En nuestros días, los negocios en todas sus ramas se gestionan a una escala tan gigantesca que los socios de una gran empresa son gobernantes de un dominio. El gran empleador de trabajo a veces tiene más hombres en su ejército industrial que los pequeños reyes alemanes bajo sus banderas.

Se decía antes que dos del mismo oficio nunca estaban de acuerdo; hoy las amistades más cálidas se forman en todos los departamentos del esfuerzo humano entre aquellos en el mismo negocio; cada uno visita las oficinas de otros, fábricas, almacenes; y se muestran los diferentes métodos, todas las mejoras, nuevas invenciones, y las adaptan libremente a su propio negocio.

Los asuntos ahora son demasiado grandes como para generar celos mezquinos, y ahora se alía con el deseo de ganancia el deseo de progreso, invención, métodos mejorados, desarrollo científico y el orgullo del éxito en estos asuntos importantes; de modo que el dividendo que el hombre de negocios busca y recibe hoy en día no es solo en dólares. Con el dólar recibe algo mejor, un dividendo en forma de satisfacción por ser instrumental en llevar adelante a etapas más altas de desarrollo el negocio que convierte en su obra de vida.

Recompensas de una carrera empresarial

Puedo recomendarles con confianza la carrera empresarial como una en la que hay abundante espacio para el ejercicio del poder más alto del hombre y de todas las buenas cualidades de la naturaleza humana. Creo que la carrera del gran comerciante, banquero o capitán de la industria es favorable para el desarrollo de las facultades mentales y la maduración del juicio sobre una amplia gama de temas generales; para la libertad de prejuicios y el mantenimiento de una mente abierta. Y sé que el éxito permanente no se puede obtener excepto mediante tratos justos y honorables, hábitos irreprochables y una vida correcta, mostrando buen sentido y un juicio raro en todas las relaciones de la vida humana, porque el crédito y la confianza huyen del hombre de negocios que es insensato en palabras y hechos, o irregular en sus hábitos, o incluso sospechoso de prácticas deshonestas. Puede haber espacio para un hombre insensato en todas las profesiones—insensato como un niño más allá del rango de su especialidad, y sin embargo exitoso en esa—pero nunca nadie ha visto a un hombre de negocios insensato tener éxito. Si no posee un juicio sólido y completo, fracasará.

La carrera empresarial es, así, una escuela rigurosa de todas las virtudes, y hay una recompensa suprema que a menudo rinde, la cual ninguna otra carrera puede prometer: señalo las nobles beneficencias que hace posibles. Es a los hombres de negocios que siguen carreras empresariales a quienes principalmente debemos nuestras universidades, colegios, bibliotecas e instituciones educativas; como lo testifican Girard, Lehigh, Chicago, Harvard, Yale, Cornell y muchas otras.

¿Qué monumento puede dejar un hombre tras de sí, productivo de tanto bien, y tan seguro de transmitir su nombre a las generaciones venideras, santificado con las bendiciones de miles en cada década que dentro de sus muros han recibido esa posesión más preciosa, una educación sólida y liberal? Estas son las obras de hombres que reconocieron que la riqueza excedente era un fideicomiso sagrado, a ser administrado durante la vida de su poseedor para el mayor bien de sus semejantes.

Si, entonces, algunos hombres de negocios pueden caer sujetos al reproche de ser codiciosos, podemos reivindicar con justicia para ellos, como clase, lo que el honesto Thomas Cromwell reclamó para el gran cardenal, y decir:

«Si tienen una avaricia de obtener, sin embargo, en otorgar son sumamente principesco, como lo testimonian estos centros de aprendizaje».

El taburete de tres patas

En el mundo industrial hay una asociación de tres cuando se planifica una empresa. El primero de ellos, no en importancia sino en el tiempo, es el Capital. Sin él, nada costoso puede construirse. De él viene el primer aliento de vida a la materia previamente inerte.

Las estructuras levantadas, equipadas y listas para comenzar en cualquier línea de actividad industrial, el segundo socio entra en operación. Esa es la Capacidad Empresarial. El Capital ha hecho su parte. Ha proporcionado todos los instrumentos de la producción; pero, a menos que pueda contar con los servicios de hombres capaces para gestionar el negocio, todo lo que el Capital ha hecho se desmorona en ruinas.

Luego viene el tercer socio, último en orden de tiempo, pero no en importancia: el Trabajo. Si falla en desempeñar su función, nada puede lograrse. El Capital y la Capacidad Empresarial, sin él en acción, están muertos. Las ruedas no pueden girar a menos que la mano del Trabajo las ponga en marcha.

Ahora bien, se pueden escribir volúmenes sobre cuál de los tres socios es primero, segundo o tercero en importancia, y el tema seguirá siendo como antes. Economistas políticos, filósofos especulativos y predicadores han estado dando sus opiniones sobre el tema durante cientos de años, pero la respuesta aún no se ha encontrado, ni se encontrará jamás, porque cada uno de los tres es de suma importancia, y cada uno es igualmente esencial para los otros dos. No hay primero, segundo o último. ¡No hay prelación! Son miembros iguales de la gran alianza triple que mueve el mundo industrial. Como cuestión histórica, el Trabajo existió antes que el Capital o la Capacidad Empresarial, porque cuando «Adán cavó y Eva hiló», Adán no tenía capital, y si se puede juzgar por el desenlace, ninguno de los dos estaba excesivamente bendecido con capacidad empresarial, pero esto fue antes de que comenzara el reinado del Industrialismo y las enormes inversiones de capital fueran necesarias.

En nuestros días, el Capital, la Capacidad Empresarial y el Trabajo Manual son las patas de un taburete de tres patas. Mientras las tres patas permanezcan sólidas y firmes, el taburete se mantiene en pie; pero si alguna de las tres se debilita y se rompe, si se tira o se golpea, el taburete cae al suelo. Y el taburete no sirve hasta que la tercera pata sea restaurada.

Ahora bien, el capitalista se equivoca al pensar que el Capital es más importante que cualquiera de las otras dos patas. Su apoyo es esencial para él. Sin ellas, o con solo una de ellas, pierde el equilibrio.

La Capacidad Empresarial se equivoca cuando piensa que la pata que representa es la más importante. Sin las patas del Capital y del Trabajo es inútil.

Y, por último, no hay que olvidar que el Trabajo también se equivoca, y de manera desmesurada, cuando asume que es más importante que cualquiera de las otras dos patas. Esa idea ha sido en el pasado la fuente de muchos errores lamentables.

Los tres son socios iguales de un gran todo. Combinados realizan maravillas; separados, ninguno tiene mucho valor. Hasta ahora, a pesar de las diferencias que de vez en cuando lamentablemente los han desgarrado, han hecho que el siglo que se cierra sea más beneficioso que todos los que lo precedieron. La humanidad, en todo el mundo, está mejor que nunca, material y moralmente, y tengo la fe de que está destinada a alcanzar planos aún más altos y elevados de los que incluso los más optimistas han imaginado.

El Capital, la Capacidad Empresarial y el Trabajo deben estar unidos. Es enemigo de los tres quien busque sembrar semillas de desunión entre ellos.

Ferrocarriles: pasado y presente

Ferrocarriles en los años setenta: rieles, sistemas, velocidades, salarios y métodos. Los ferrocarriles en el futuro. Las necesidades del ferroviario y sus responsabilidades.

PARA MÍ es motivo de gran satisfacción y cierto orgullo haber comenzado en el servicio ferroviario como operador de telégrafo y haber ascendido al puesto de superintendente de la División de Pittsburgh del Ferrocarril de Pensilvania. Tal vez sea interesante contrastar, en algunos aspectos, la situación en el mundo ferroviario de entonces con la de ahora. Siempre se nos insta a mirar bien hacia el futuro en el ámbito ferroviario. Es una de las reglas principales, pero también es bueno echar un vistazo hacia atrás y ver el progreso que se ha logrado.

Cuando tuve el honor de convertirme en ferroviario, el Ferrocarril de Pensilvania aún no estaba terminado hasta Pittsburgh. Mediante algunos kilómetros de andamiaje entre dos puntos y una subida por las montañas a través de diez planos inclinados, el pasajero podía llegar a Filadelfia por ferrocarril. Los rieles en las montañas eran de hierro, de catorce pies de largo, importados de Inglaterra, reposando sobre enormes bloques tallados de piedra, aunque la línea atravesaba bosques y las traviesas habrían costado poco. La compañía no contaba con una línea telegráfica propia y dependía del uso del telégrafo de Western Union. El señor Scott, el superintendente, el célebre Thomas A. Scott, quien posteriormente sería presidente, solía venir a la oficina de telégrafos en Pittsburgh para comunicarse con su superior en Altoona, el Superintendente General. Yo era entonces un joven operador y lo conocí al realizar estas transmisiones telegráficas para él.

Recibía el enorme salario de veinticinco dólares mensuales entonces, y él me ofreció treinta y cinco para convertirme en su secretario y telegrafista, lo cual significaba fortuna. Permítanme felicitarlos por el gran avance en sus propios sueldos y salarios desde entonces. El señor Scott recibía $125 al mes —$1,500 al año— y yo me preguntaba qué podía hacer un hombre con esa cantidad de dinero. No había pensado entonces en un uso: podría tener éxito dando parte de él. A menudo se discute sobre las ventajas que un hombre recibe de la riqueza, pero lo mejor de la riqueza no es lo que hace por el dueño, sino lo que le permite hacer por los demás.

Serví durante algún tiempo antes de recibir un aumento de salario de diez dólares mensuales. Eso me dio un ingreso enorme en comparación con los $1.20 por semana con los que comencé en la fábrica de algodón. Es uno de los hechos más alentadores de nuestro tiempo que, bajo las condiciones actuales, los salarios de los trabajadores tienden a subir y el precio de los artículos de primera necesidad tiende a bajar. Nunca ha habido una nación tan espléndidamente situada como la nuestra en este momento en lo que respecta al trabajo. Todo hombre sobrio, capaz y dispuesto encuentra empleo con salarios que, con ahorro y una buena esposa que gestione, le permitirán avanzar en la acumulación de un sustento para la vejez.

Aquellos que tienen la fortuna de estar casados saben cuánto depende de una esposa que pueda administrar los asuntos domésticos, y quienes aún no lo están, lo descubrirán. No hay nada de lo que dependan tanto el éxito y la felicidad de un trabajador, además de su propia buena conducta, como una buena esposa administradora. Y aquí, permitidme que quien, casi sin intención o deseo, se ha visto cargado con algo más que un sustento os diga sobriamente que lo que se tiene por encima de esto trae poco consigo, y a veces nada deseable; lo que todos deben esforzarse por alcanzar es un sustento, sin el cual, como sabiamente dijo Junius, ningún hombre podría ser feliz. Ningún hombre debería ser feliz sin él, si está al alcance, y exhorto a todos a ahorrar parte de sus ganancias en estos días prósperos y ponerlo en un banco de ahorros a interés, o mejor aún, comprar una casa con ello.

Pero volviendo al ferrocarril: un día, el presidente Thomson dejó atónita a la comunidad de Pittsburgh al declarar que, en algún día futuro, el Ferrocarril de Pensilvania transportaría 100 carros al día. En aquel entonces, los carros llevaban ocho toneladas netas. Teníamos pequeñas locomotoras y el lecho de la vía era algo que asustaba. Estaba trazado con rieles ligeros y se utilizaban juntas de hierro fundido. Recuerdo haber encontrado 47 juntas rotas una mañana de invierno en mi división, y era por esa línea que corríamos nuestros trenes. No es de extrañar que las averías fueran frecuentes. No teníamos vagones de cola en los trenes de carga. Los ferroviarios tenían que estar a la intemperie en todo tipo de clima. Era una vía de un solo carril y, al no contar con una línea telegráfica, en caso de retrasos, los trenes debían correr curvas; es decir, un guardafrenos iba adelante y el tren lo seguía y se encontraban cuando podían, y a veces se encontraban con considerable fuerza en las curvas cerradas.

Aparentemente, no hay nada que el ferroviario promedio tarde tanto en aprender como esta proposición: dos trenes no pueden pasar uno junto al otro exitosamente en una sola vía. Nunca aprendimos bien esa lección, ni siquiera en la División de Pittsburgh.

Siendo telegrafista, me hice cargo del propio cable telegráfico del ferrocarril cuando se construyó, y creo que coloqué a la primera joven estudiante de telégrafo en un trabajo en el ferrocarril; así lo tengo entendido. En aquellos días, el superintendente tenía que hacerlo todo; no había división de responsabilidades. Se suponía que ningún subordinado podía ser confiable para dirigir trenes por telégrafo o atender un accidente, y el Sr. Scott y yo, su sucesor, éramos dos de los hombres más tontos que he conocido en este aspecto. Salíamos a cada accidente, trabajábamos toda la noche; a menudo no estaba en casa durante una semana entera, apenas durmiendo, excepto unos pocos momentos, acostado en un vagón de carga. Ahora miro atrás y veo qué malos superintendentes éramos; pero tenía un gran ejemplo en el Sr. Scott. Me tomó algún tiempo aprender, pero aprendí, que los grandes gerentes supremos, como los que hay hoy en día, nunca realizan ningún trabajo digno de mención; su punto es hacer que otros trabajen mientras ellos piensan. Apliqué esta lección más adelante en la vida, de modo que los negocios nunca han sido una preocupación para mí. Mis jóvenes socios hacían el trabajo y yo me dedicaba a reír, y recomiendo a todos que piensen que hay muy poco éxito donde hay poca risa. El trabajador que se regocija en su labor y se ríe de sus incomodidades es el hombre que seguramente prosperará, porque lo que hacemos con facilidad, y lo que nos gusta hacer, es lo que hacemos bien. Cuando veas a un presidente, superintendente o tesorero cargado con sus deberes, oprimido por las responsabilidades, con un semblante tan serio como un juez dictando una sentencia de muerte, asegúrate de que tiene más responsabilidad de la que puede manejar y debería obtener alivio.

Comparen la velocidad de los trenes, por ejemplo. En el gran Ferrocarril de Pensilvania creíamos que habíamos alcanzado la perfección cuando se puso en servicio un tren de pasajeros que corría entre Pittsburgh y Filadelfia en 13 horas, alrededor de 43 kilómetros por hora. Fue bautizado como el «Express Relámpago». No porque pensáramos que el relámpago era tan lento, sino porque pensábamos que el tren era terriblemente rápido. Hoy en día, el Empire State Express corre al doble de esa velocidad, lo que le otorga el récord mundial. Pero no cometamos nuevamente el error de pensar que hemos alcanzado la perfección. La próxima generación correrá trenes a cien millas por hora, el doble de la velocidad actual, así como los trenes hoy corren al doble de la velocidad de hace 30 años. La línea será recta. En el lenguaje de las Escrituras, «los lugares torcidos,» es decir, las curvas, «serán enderezados».

En las mejoras que se hacen hoy en las diversas líneas, no creo que muchos gerentes miren lo suficientemente lejos hacia el futuro. Están gastando en algunas partes quizás medio millón de dólares cuando deberían gastar el doble, y aliviando las curvas que deberían eliminar, y algún presidente futuro dirá que desperdiciaron mucho dinero. Nada más que una línea recta estará a la altura en 1950, o antes.

Pero hay otro departamento en el que el progreso ha sido tanto o incluso mayor que en el que se ha mencionado. Se trata del cuidado de los empleados ferroviarios: su posición, sus ventajas, sus ingresos y el sistema de pensiones que los principales ferrocarriles de este país se sienten obligados a establecer. Aquellos que trabajan año tras año con salarios fijos y no tienen perspectivas de obtener grandes ganancias deberían al menos tener la consolación de saber que en su vejez podrán vivir con independencia y comodidad, no como una cuestión de caridad, sino por virtud de sus propios esfuerzos y lo que tienen derecho a recibir como una bonificación por los servicios fielmente prestados. No conozco nada que eleve y mejore tanto el servicio de una gran línea y añada tanto a su seguridad como un equipo que pueda descansar en el conocimiento de que después de envejecer en el servicio, su vejez estará asegurada a través del sistema de pensiones. Pronto, ninguna línea se clasificará entre las de primer nivel si no posee este invaluable, podría decir casi necesario, elemento para asegurar un personal de hombres confiables, inteligentes y leales que cuiden el espíritu de equipo para la empresa en la que trabajan. En los edificios que ahora se están proporcionando en las estaciones de transferencia, en las salas de lectura y bibliotecas, y en algunos casos, especialmente en la ruta de Santa Fe, sé que se están proporcionando mesas de billar y otros medios de entretenimiento inocuo y necesario. Por último, pero no menos importante, en tales edificios y sociedades que acercan a los hombres para su bien, en todas estas mejoras, y en muchas otras formas, tenemos evidencia de que los empleadores están reconociendo sus deberes hacia los empleados más claramente que en el pasado.

El ferroviario también debe ser felicitado por este hecho, ya que dondequiera que se hayan establecido agencias de mejora, los hombres han intentado mostrar su aprecio utilizándolas al máximo. Las compañías ferroviarias no pueden hacer mejor uso del dinero que estableciendo instituciones adicionales de este tipo y ampliando aquellas que ya existen y están abarrotadas. Será la compañía que haga más por sus hombres en la dirección indicada la que lo haga mejor para sus accionistas y, por otro lado, será en esa línea donde el trabajador se sienta más en casa, y en la que tome el mayor orgullo, y por la que esté más dispuesto a asumir el trabajo agotador y el peligro que implica el llamado ferroviario, dando así otra prueba de que sus intereses y los de aquellos cuyo capital está invertido no son antagónicos, sino mutuos. Es una gran ilusión decir que el trabajo y el capital son enemigos; deben ser aliados, o ninguno tendrá éxito. He utilizado anteriormente el símil de comparar el Capital, la Habilidad Empresarial y el Trabajo con las patas de un taburete de tres patas; el taburete no se mantendrá en pie sin el apoyo de estas tres patas, y disputar cuál de estas tres es más importante es inútil. Nunca se podrá determinar, y si se determinara, tendría poca importancia, ya que el gran hecho sigue siendo que todos son absolutamente necesarios para el éxito que vemos en las grandes líneas de transporte de nuestro país.

Los hombres del mundo ferroviario merecen ser felicitados por ocupar la orgullosa posición, según creo, del cuerpo de empleados más abstemio del mundo. Son un ejemplo para los trabajadores de otras ramas del amplio árbol laboral, y su influencia no puede dejar de ser de un beneficio incalculable. Ninguna regla que un hombre pueda adoptar traerá mayor recompensa que esta: abstenerse del uso del alcohol como bebida. Un hombre que bebe no tiene lugar en el sistema ferroviario. De hecho, no debería tener lugar en ningún ámbito.

Las relaciones satisfactorias que existen en conjunto entre los ferrocarriles y sus empleados deberían ser motivo de satisfacción para ambos. Siempre se asegura de que se cree y exista cuando los oficiales son inteligentes y comprensivos, y se sienten parte de la misma organización que gestiona la línea, abarcando a todos los empleados, desde el trabajador de vía hasta el ingeniero de locomotoras, y pasando por todos los grados hasta llegar al propio presidente; cada uno es un hombre del N.Y.C., del P.R.R., del C., B. & Q., o del D., L. & W.

No hay lugar para el antagonismo en un ferrocarril entre empleador y empleado, ya que el presidente y el superintendente no son propietarios de la empresa más que los empleados; por lo tanto, todos son, como ya se dijo, miembros del mismo cuerpo; todos son igualmente servidores de la compañía. El oficial, por lo tanto, reconoce en el encargado de tren, el trabajador de la vía o el ingeniero, empleados como él mismo, con quienes debe naturalmente sentir el vínculo de la camaradería, mientras que ellos no pueden sino considerar a los oficiales como sus compañeros y sentir que, en todos los asuntos de compensación o disciplina, lo que sus compañeros en los puestos directivos prescriben no tiene como fin su propio beneficio, sino el funcionamiento exitoso de la línea.

Hay otro aspecto alentador: el camino hacia el ascenso es claro y directo. Todos pueden dar fe de ello, pues, sin duda, muchos de los que ahora tienen autoridad comenzaron en posiciones subordinadas y se han ganado su lugar por mérito, no por favor. Cada hombre en el Ejército Industrial Ferroviario, al igual que dijo Napoleón de su ejército, lleva un bastón de mariscal en su mochila. Sobre los ferroviarios recae una gran responsabilidad; tienen en sus manos la vida del público, no necesito decir del público viajero, ya que todos nosotros viajamos. Se les exige una estricta sobriedad, una vigilancia incesante, un coraje firme y una fidelidad al deber, y estas características de la fuerza se testimonian periódicamente por la posición que han alcanzado y ocupan en la estimación de sus agradecidos conciudadanos.

Riqueza

Cuando el presidente Roosevelt envió su notable mensaje al Congreso hace siete años, llamando la atención sobre la desigual distribución de la riqueza y recomendando altos impuestos progresivos sobre las herencias a la muerte de los propietarios, el autor le envió una copia de «El Evangelio de la Riqueza». El presidente respondió diciendo que estaba «muy impresionado por el hecho de que hace diecisiete años ya lo habías previsto todo». Esto llevó al autor a dar un paso más y agregar otro capítulo, que apareció en 1906.

De manera similar, el autor sostenía y expresaba opiniones avanzadas sobre «Trabajo» y «Tierra» antes de que se le pudiera considerar uno de los multimillonarios. Por lo tanto, no se le puede considerar solo un converso reciente a algunas de las doctrinas que ahora se promulgan tan libremente.

Dado que el tiempo solo ha servido para confirmar las opiniones entonces expresadas, se cree que los lectores preferirán conocer lo que se escribió antes de que estas cuestiones se volvieran tan prominentes.

La desigual distribución de la riqueza está en la raíz de la actual actividad socialista. Esto no sorprende al autor. Era inevitable que saliera a la luz, porque, exhibiendo extremos desconocidos hasta ahora, se ha convertido en uno de los males más clamorosos de nuestros días.

En el progreso del mundo, aparecieron descubridores científicos e inventores mecánicos que adaptaron las fuerzas y materiales de la naturaleza para el uso del hombre, seguidos por la era comercial e industrial en la que vivimos, en la que la riqueza se ha producido como por arte de magia y ha caído en gran medida en manos de los capitanes de la industria, para su propio asombro. Los multimillonarios, una nueva especie, han aparecido, cargados con fortunas de tal magnitud que el pasado no conoció. Los extremos en la distribución de la riqueza nunca han sido tan grandes como hoy, aunque los salarios y sueldos nunca han sido tan altos. Esto ha atraído naturalmente la atención de los asalariados y otros que no están bañados por la lluvia dorada, y el «Presupuesto Socialista» aparece como uno de los remedios propuestos.

En «El Evangelio de la Riqueza», el autor aboga por una tributación graduada sobre las herencias a la muerte de los propietarios, diciendo:

«La creciente disposición a gravar cada vez más pesadamente las grandes propiedades dejadas al morir es una señal alentadora del crecimiento de un cambio saludable en la opinión pública. El Estado de Pensilvania ahora toma, con ciertas excepciones, una décima parte de la propiedad dejada por sus ciudadanos. El presupuesto presentado en el Parlamento británico el otro día propone aumentar los impuestos sobre la herencia; y, lo más significativo de todo, el nuevo impuesto será progresivo. De todas las formas de tributación, esta parece la más sabia. Los hombres que continúan acumulando grandes sumas durante toda su vida, cuyo uso adecuado para fines públicos beneficiaría a la comunidad de la cual en su mayoría provino, deben sentir que la comunidad, en forma del Estado, no puede ser privada de su parte correspondiente. Al gravar fuertemente propiedades al morir, el Estado marca su condena de la vida indigna del millonario egoísta.

Es deseable que las naciones vayan mucho más lejos en esta dirección. En realidad, es difícil fijar límites a la parte del patrimonio de un hombre rico que debería ir a parar al público a través de la acción del Estado al morir, y, en cualquier caso, tales impuestos deberían ser graduados, comenzando desde cero sobre sumas moderadas a dependientes y aumentando rápidamente a medida que las cantidades aumentan, hasta que del acervo del millonario, como del de Shylock, al menos vayan al Estado. Esta política induciría poderosamente al hombre rico a atender la administración de su riqueza durante su vida, que es el fin que la sociedad debería tener en vista por ser el más fructífero para el pueblo. No hay que temer que esta política socave la raíz de la empresa y haga a los hombres menos ansiosos de acumular, pues, para la clase cuya ambición es dejar grandes fortunas y ser recordados después de la muerte, será incluso más atractivo e, de hecho, una ambición algo más noble tener enormes sumas pagadas al Estado de sus fortunas.

Sosteniendo durante mucho tiempo estas opiniones, no hay nada en el «Presupuesto Socialista,» como fue presentado por el Sr. Snowden en la serie «Ideal del Trabajo,» que no se recomiende a la propia reflexión del escritor. Se observará que propone (como lo hizo el «Evangelio de la

Riqueza» hace diecinueve años) que la mitad del acervo del millonario fallecido debería ir al Estado cuando el patrimonio exceda los $5,000,000.

La protesta del Sr. Snowden contra la tributación indirecta de mercancías también es sólida porque esto favorece a los ricos. Un individuo no consume mucho más de estas que otro, mientras que la capacidad de los ricos para pagar impuestos es infinitamente mayor que la de las masas.

Los aranceles estadounidense, británico y alemán presentan un gran contraste, para el beneficio de la mayoría del pueblo estadounidense, y esto, aunque Estados Unidos, como Alemania, es «Proteccionista» y Gran Bretaña es «Libre Comercio». América grava fuertemente las importaciones, pero estas son los lujos de los ricos, los cuales las masas no consumen. Las masas americanas comen, visten, beben y fuman productos americanos. Solo los ricos visten sedas extranjeras, linos, finos algodones, paños, etc.; beben vinos franceses o fuman tabaco habano. Es mediante la imposición de impuestos sobre la importación de estos y artículos similares que América recauda ingresos. Así, en 1907, se recaudaron $216,000,000 sobre tales lujos, pagados en su totalidad por los ricos, quienes son los únicos que los usan. El té, el chocolate y el café están libres de impuestos. El azúcar, que anteriormente estaba libre, es el único de todos los productos alimenticios que genera muchos ingresos, ya que actualmente tiene un arancel protector de dos centavos por libra para estimular el cultivo de remolachas. En 1906 se produjeron medio millón de toneladas de azúcar doméstica, y la producción está aumentando rápidamente».

Así, el trabajador americano, si no fuma ni bebe, prácticamente escapa de los aranceles, excepto en el caso del azúcar. En Gran Bretaña, el trabajador paga no solo por el azúcar, sino también por el tabaco importado, el té y el café. El impuesto interno americano sobre el tabaco es solo de seis centavos por libra, en comparación con los setenta y cinco centavos en Gran Bretaña.

Alemania, en 1905, importó artículos de consumo valorados en $595,000,000. Para proteger a sus agricultores, grava todos los productos alimenticios importados, que son consumidos tanto por ricos como por pobres. Las masas alemanas están más gravadas en este aspecto que las británicas.

La distribución de la riqueza y la tributación en Gran Bretaña, según Mulhall y autoridades posteriores, se estima de la siguiente manera:

En 1908, la carga económica de los impuestos recaía de manera desigual sobre las diferentes clases en proporciones variadas. La clase rica, que sumaba 680,000 individuos, contribuyó con una cantidad masiva de $6,000,000,000 en impuestos. Esta suma significativa subraya la inmensa riqueza concentrada en este pequeño segmento de la población. A pesar de sus considerables contribuciones financieras, los ricos aún lograron pagar $2,600,000,000 menos de lo que pagarían si los impuestos se evaluaran en función de la riqueza acumulada. Esto indica una discrepancia sustancial en el sistema tributario, favoreciendo a los individuos más acaudalados y destacando la necesidad de un enfoque más equitativo en la imposición fiscal.

La clase media, con una población de 5,100,000, también soportó una carga fiscal considerable, contribuyendo con $1,500,000,000. Sin embargo, en comparación con su riqueza, pagaron $975,000,000 más que su cuota justa. Esta sobrecarga refleja la tensión desproporcionada impuesta sobre la clase media, que a menudo sirve como el pilar económico de la sociedad. La contribución fiscal de la clase media, aunque significativa, palidece en comparación con la de los ricos, enfatizando la enorme brecha en la riqueza y las responsabilidades fiscales entre estas dos clases.

La clase trabajadora, que comprendía 38,220,000 individuos, contribuyó con sumas menores en comparación, con pagos totales de impuestos que ascendían a $500,000,000. A pesar de sus menores contribuciones fiscales, la clase trabajadora pagó $1,625,000,000 más que su cuota justa cuando se considera su riqueza. Este pago excesivo sustancial pone de relieve las inequidades dentro del sistema tributario, donde aquellos con menos riqueza terminan contribuyendo desproporcionadamente más en relación con sus medios. En total, el sistema tributario generó $8,000,000,000. Sin embargo, esta suma se logró a través de una combinación de gravámenes que no tributaban a los individuos de manera justa en proporción a su riqueza acumulada. Esta discrepancia subraya un problema sistémico, donde aproximadamente el 1.5% de la población, los ricos, poseían la mayor parte de la riqueza, mientras que la mayor parte de la comunidad soportaba la mayor parte de la carga fiscal. Este desequilibrio exige una investigación oficial para abordar y rectificar la distribución inequitativa de las responsabilidades tributarias.

Aquellos cuyos ingresos solo son suficientes para satisfacer sus necesidades físicas no deberían estar sujetos a impuestos en absoluto. El axioma de Adam Smith: «Los súbditos de cada Estado deben contribuir al mantenimiento del gobierno en la medida de sus respectivas capacidades; es decir, en proporción a los ingresos que disfrutan bajo la protección del Estado», debería ser la regla, especialmente dado que hay tanta riqueza concentrada en las clases más ricas, más allá de sus necesidades más liberales.

Hablamos, sin embargo, únicamente de las necesidades físicas de los hombres. Siempre se debe recordar que ni el licor ni el tabaco pueden considerarse necesidades. Las consecuencias nefastas que resultan del uso de licor justificarían una imposición mucho más alta sobre el mismo, en interés de los propios trabajadores.

El mayor mal en Gran Bretaña hoy en día es la intemperancia. Setecientos ochenta y cinco millones de dólares anualmente es el gasto en bebidas alcohólicas. Cuánto de esto es pagado por las clases trabajadoras es, creemos, desconocido, pero incluso si fuera solo la mitad, aquí hay trescientos noventa y dos millones y medio que son peor que desperdiciados por ellos.

Los intereses del licor ahora tienen título a sus locales de bebidas, cuando antes solo tenían licencias anuales, un regalo que, según algunos, se estima en igual a mil quinientos millones de dólares. Cuando uno se pregunta qué beneficiaría más al trabajador, no hay duda en la respuesta: evitar el licor y el juego. El trabajador que se entrega a ambos, en la medida en que lo hace, es el arquitecto de su propia pobreza.

Aquí está la cuestión de mayor importancia para los trabajadores. No se puede ayudar a aquellos que no se ayudan a sí mismos. Un hombre no puede empujar a otro por una escalera. En el momento en que suelte su agarre, el asistido caerá. Solo es posible ayudar realmente a aquellos que cooperan con el ayudante. No es el décimo sumergido, sino el décimo que nada el que puede ser mejorado de manera constante y rápida con la ayuda de sus compañeros. Los primeros deberían ser el cuidado especial del Estado y deberían ser aislados.

Viendo el Socialismo desde su aspecto financiero, como se muestra en el presupuesto del Sr. Snowden, sus demandas son justas.

Un impuesto progresivo elevado sobre la riqueza a la muerte del propietario no solo es deseable, sino que es estrictamente justo. También es justo eximir de impuestos la cantidad mínima necesaria para satisfacer las necesidades físicas de los hombres y sus familias, tal como se exime un mínimo del impuesto sobre la renta en Gran Bretaña, y la modesta casa familiar de la ejecución hipotecaria en Estados Unidos. Sin embargo, no hay nada especialmente socialista en esto. Es una doctrina sólida de Adam Smith que todos deben pagar impuestos solo en proporción a su capacidad para hacerlo, y el socialismo revolucionario solo puede ser combatido con éxito concediendo de manera pronta las demandas justas de los hombres moderados.

La riqueza es, sin duda, un gran factor en la vida civilizada, un factor realmente muy importante, ya que la civilización misma descansa sobre ella como su fundamento. En su ensayo sobre el «Evangelio de la Riqueza» en el siglo XIX, el Sr. Gladstone la calificó como «el negocio del mundo». Cuando no existía la riqueza, no había civilización; ninguna era posible. Todo era necesariamente salvaje o bárbaro. Mientras existió la primera etapa, y el hombre consumía todo lo que capturaba, nada permanente podía construirse, pues no había un fondo de reserva al cual recurrir. El hombre vivía en la naturaleza casi como la encontraba, refugiándose en chozas hechas de ramas o en cuevas. Durante la segunda etapa, comenzaron a aparecer leves rastros de individualismo. En el progreso de la raza, los hombres mostraron diferentes aptitudes; uno podía forjar espadas y hacer flechas mejor que otro, uno podía capturar más peces, otro matar más caza, y finalmente se hizo rentable para estos dedicarse exclusivamente a sus respectivas ramas. La especialización comenzó la raíz del individualismo. Entonces surgió el intercambio de productos, pero después de un tiempo el trueque cesó y ciertos artículos —cuentas, pieles, conchas— se convirtieron en «dinero», en el cual se invertían los ahorros de los hombres.

Entonces se desarrolló lentamente, en el debido progreso del tiempo, ese evangelio benefactor: «como el hombre siembra, así cosechará», recompensa según el servicio. Muchas cosas que hasta entonces se tenían en común se convirtieron en propiedad privada, y finalmente, de los ahorros de los hombres (capital), se construyeron cosas duraderas, y la civilización amaneció. Incluso en nuestro propio tiempo no se puede producir una tonelada ni una yarda de nada, ni construir un barco ni un ferrocarril, ni una casa, escuela, universidad o iglesia sin recurrir al capital acumulado, que es la riqueza. Al principio, por un breve período, todo eran ahorros del trabajo manual, pero, muy pronto, la riqueza llegó en cantidades mucho mayores a ciertos individuos de diversas fuentes —aumento del valor de la tierra, minerales, etc., y luego de bienes inmuebles, nuevas invenciones, etc. Así, la riqueza no es todo el resultado del trabajo manual, aunque el primer pequeño excedente lo fue. El mayor crecimiento de la riqueza de cualquier fuente en nuestros tiempos proviene del aumento del valor de los bienes inmuebles en los que se invierte poco o ningún trabajo, el aumento de la población elevando los valores. Según MacPherson, autor de «Carlyle» y «Adam Smith» en la serie «Famosos Escoceses», debemos achacar al más grande de los economistas, Adam Smith, haber cometido un desliz al afirmar que «la riqueza de una nación es la creación del trabajo», de lo cual surgió el otro error de que «el trabajo es la medida del valor intercambiable de las mercancías». Marx retomó estas ideas equivocadas y decidió con razón que llevaron a la conclusión de que la ganancia capitalista es simplemente el valor excedente obtenido del trabajo no pagado. Para mitigar el desliz de Smith, debemos recordar que, en su época, nuestro sistema de producción gigantesca en enormes establecimientos aún no había comenzado. La gente generalmente trabajaba en sus propios hogares y la riqueza se acumulaba lentamente. Todo ha cambiado, y la teoría de Marx ha sido abandonada por los principales socialistas de hoy, quienes rechazan sus contribuciones especiales a la economía pura. Su teoría del valor cuenta con poco apoyo. Pero la gran masa de trabajadores socialistas aún no ha llegado a esta etapa. Aun así, el error, habiendo sido herido, pronto morirá entre sus adoradores, como siempre lo hace el error. Es fácil demostrar que es un error. Por ejemplo, el mayor aumento en cualquier departamento de la riqueza proviene del aumento del valor de la tierra.

El valor imponible de la Ciudad de Londres en 1870 era de £2,266,842 y ahora es de £5,451,820. Las cifras correspondientes para toda la metrópoli son £18,719,237 y £44,351,000. La valoración de la Ciudad de Nueva York ha aumentado de $4,751,532,826 en 1903 a $6,240,480,602 en 1907. En todo Estados Unidos, según se cita en otros lugares, el censo muestra que de 1890 a 1900 el valor de los bienes inmuebles aumentó de $39,544,544,333 a $52,537,628,164, un aumento de $12,993,083,831, tres veces y media la deuda nacional de Gran Bretaña. Está claro que la riqueza creada, principalmente por el aumento de la población, no debe atribuirse al trabajo, ya que se empleó poco «trabajo» adicional. El trabajo de labrar la tierra fue compensado por las cosechas y no agregó al valor.

Que el «valor» dependa del trabajo y sea el resultado de este puede ser refutado así: el difunto Duque de Sutherland, en su loable deseo de mejorar las condiciones en sus vastas propiedades en las Tierras Altas al hacer que la tierra sustentara a su gente localmente, gastó durante años el trabajo de muchos hombres y vastas sumas en el esfuerzo. Se crearon pocos dólares de «valor». El esfuerzo fracasó.

Chantrey pasa un año en una estatua y esta trae cinco mil dólares. Otro hombre trabaja el doble de tiempo y el doble de arduo, pero su estatua no tiene prácticamente ningún valor. Ambos «trabajaron», pero los compradores querían una estatua y no la otra. Así, son los deseos del comprador y no el «trabajo realizado» los que fijan el valor. Lo mismo ocurre con todas las formas de trabajo; si hay una demanda (es decir, un comprador) por ello a un cierto precio — pues el precio es un factor potente — lo que el trabajo produce tiene valor. Si no hay demanda, el trabajo realizado es trabajo perdido. El resultado es que el trabajo no se emplea en artículos que no tienen demanda. Así, el «trabajo» ni crea ni fija el valor; la ley de la oferta y la demanda lo hace. El empleador dedicado a la manufactura está obligado a satisfacer las necesidades de la gente, sus clientes. Los intereses del empleador y el empleado, del capital y del trabajo, al hacerlo, son mutuos, no antagónicos.

Marx predijo que la maquinaria extendería las horas de trabajo y deprimiría tanto los salarios que anticipó el momento en que los empleadores obtendrían el trabajo de toda una familia por lo que habían pagado solo al jefe de familia. Negaba que alguna parte de las ganancias aumentadas pudiera beneficiarse a los trabajadores mientras el capital tuviera control sobre la maquinaria. Lo contrario de todo esto ha sido el resultado: las horas de trabajo se han reducido, los salarios han aumentado y se ha hecho un gran avance en la posición de los asalariados bajo las nuevas condiciones de producción. Las pruebas de este resultado gratificante, especialmente durante los últimos veinte años, se encuentran entre las evidencias más bienvenidas que el optimista bien intencionado de la clase trabajadora recibe de que todo marcha bien, aunque no tan rápido como nosotros y otros reformadores desearíamos con más ardor.

Después de considerar plenamente las diferencias entre los hombres, sigue siendo cierto que los contrastes en su riqueza son infinitamente mayores que los que existen entre ellos en sus diferentes cualidades, habilidades, educación y, excepto los pocos supremos, sus contribuciones al trabajo del mundo. Siempre se debe recordar que la riqueza no es principalmente el producto del individuo bajo las condiciones actuales, sino en gran medida el producto conjunto de la comunidad.

Vamos a la raíz del asunto y preguntemos cómo se crean las fortunas, de dónde y cómo surgen. El escritor ha intentado recientemente hacerlo de la siguiente manera:

Imaginemos a un agricultor honesto y trabajador que se encuentra en condiciones de dar a cada uno de sus dos hijos una finca. Ambos se casan con jóvenes admirables del vecindario, de buena familia y amigos desde la juventud, sin duda sobre sus virtudes. Los hijos encuentran fincas, una en el centro de la Isla de Manhattan y la otra más allá del Harlem. Sortean para decidir qué finca queda para cada uno, siendo este el método más justo y dejando que el destino decida. Ninguno tiene preferencia. La finca en Harlem le toca al mayor, la de Manhattan al menor. Ahora observemos el problema de la riqueza y cómo se desarrolla.

Unos pocos cientos de dólares compran las fincas, y los amorosos hermanos comienzan su vida independiente. Son respetados por todos; amados por sus íntimos. Dentro de sus posibilidades, son generosos contribuyentes a todas las causas nobles, y especialmente a la ayuda de los vecinos que, por problemas excepcionales, necesitan apoyo y consejo amistoso. Trabajan igual de duro, cultivan sus tierras igualmente bien y, en todos los aspectos, son igualmente buenos ciudadanos del Estado. Sus hijos crecen y son educados juntos.

El crecimiento de la ciudad de Nueva York hacia el norte pronto convierte a los hijos del menor en millonarios, mientras que los del mayor siguen siendo simples agricultores en circunstancias cómodas, pero, afortunadamente, todavía pertenecen a la clase que tiene que realizar algún servicio a sus semejantes y, por tanto, ganarse la vida.

Ahora, ¿quién o qué creó esta diferencia en riqueza? No fue el trabajo ni la habilidad. No, tampoco fue la capacidad superior, la sagacidad ni la iniciativa, ni un mayor servicio público. La comunidad creó la riqueza del millonario. Mientras dormía, crecía tan rápido como cuando estaba despierto. Habría surgido exactamente igual si hubiera estado en Harlem y su hermano en la finca de Manhattan.

El agricultor más joven, ahora un gran propietario, muere, y sus hijos, en su debido momento, fallecen, cada uno dejando millones, dado que la finca se ha convertido en parte de una gran ciudad, y los inmensos edificios que se han construido sobre ella producen rentas anuales de cientos de miles de dólares.

Cuando estos hijos, que ni han trabajado ni hilado, mueren, ¿qué canon de justicia se violaría si la nación interviniera y dijera que, dado que la agregación de sus semejantes llamada «la comunidad» creó la riqueza de los descendientes, tiene derecho a una gran parte de ella al fallecer? La comunidad ha evitado exigir cualquier parte durante sus vidas. A los herederos se les ha permitido disfrutarlo todo, porque, aunque en su caso la riqueza fue un crecimiento puramente comunal, en otros casos la riqueza a menudo proviene en gran medida del esfuerzo y la capacidad individual, y, por lo tanto, es mejor para la comunidad permitir que dicha capacidad permanezca al frente de la creación de fortunas, ya que es más probable que tenga éxito y, al hacerlo, desarrolle los recursos de nuestro país.

Sería poco prudente interferir con las abejas trabajadoras; es mejor permitirles seguir recolectando miel durante sus vidas. Cuando mueran, la nación debería recibir una gran porción de la miel que queda en las colmenas; es indiferente en qué fecha se realice la recolección, siempre y cuando finalmente llegue al Tesoro Nacional.

Que, con mucho, la mayor cantidad de riqueza creada en cualquier rama proviene de los valores aumentados de la propiedad inmobiliaria es especialmente cierto en un país próspero, que crece rápidamente en población, como Estados Unidos. El censo muestra que de 1890 a 1900 el valor de los bienes inmuebles aumentó de $39,544,544,333 a $52,537,628,164, un aumento de $12,993,083,831; $1,300,000,000 por año, más de $3,500,000 por día.

El creador obvio de esta riqueza no es el individuo, sino la comunidad, como vemos en el caso de los dos hermanos agricultores. La propiedad puede pasar por muchos propietarios, cada uno pagando más por ella que su predecesor, pero si cada sucesivo propietario vende a su sucesor con ganancia depende casi únicamente de si la población circundante aumenta. Si la población permanece estable, también lo hacen los valores de la propiedad. Si disminuye, los valores caen aún más rápidamente. En otras palabras, el aumento de la población — la comunidad— incrementa la riqueza en cada generación sucesiva. La disminución de la población la reduce, y esta ley se mantiene en todo ese vasto y mayor campo de riqueza, el sector inmobiliario. En ningún otro sector la creación de riqueza depende tanto de la comunidad y tan poco del propietario, quien puede desatenderla por completo sin que se perjudique. Por lo tanto, ninguna otra forma de riqueza debería contribuir tan generosamente a la nación.

Rastremos ahora la adquisición de riqueza por el hombre de negocios activo que tiene alguna participación personal, y a menudo no pequeña, en su creación. Imaginemos ahora a cinco hermanos, hijos de otro agricultor trabajador. El primero se establece en la Ciudad de Nueva York, el segundo en Pittsburgh, el tercero en Chicago y el cuarto en Montana. El primero se da cuenta de que los ferrocarriles en todas las direcciones son esenciales para la futura metrópolis, se dedica a este campo y obtiene grandes intereses en él. A medida que la población del país aumenta y la de la Ciudad de Nueva York crece de manera exponencial hasta llegar a los millones, estas líneas de transporte, cargadas de tráfico, justifican una deuda acumulada creciente. Teniendo las cifras a su alcance, ve que las acciones de estos ferrocarriles seguramente se convertirán en títulos que paguen dividendos, que ya hay ganancias excedentes más allá de los intereses de los bonos, que, si no son necesarias para extensiones urgentes, podrían pagarse en dividendos y hacer que el valor de las acciones se vuelva par. Estira su crédito al máximo, pide prestadas grandes sumas, compra las acciones cuando los precios están bajos y, navegando sobre una ola creciente de prosperidad causada por el tráfico incrementado de las comunidades en rápido crecimiento, pronto se convierte en multimillonario, y a su muerte sus hijos quedan todos como millonarios. En la consolidación de las diversas líneas cortas en un gran conjunto, hubo margen para un aumento increíble de capital; y en otros campos colaterales había numerosas oportunidades para una explotación rentable, todas, sin embargo, dependientes de una población en expansión para aumentar los valores. Ahora bien, mientras que el fundador de la familia debe ser acreditado con una habilidad notable y por haber prestado algún servicio al Estado en su época y generación, no se puede negar que los principales creadores de su riqueza fueron las comunidades crecientes a lo largo de los ferrocarriles, que proporcionaron el tráfico que elevó estas líneas para que pagaran dividendos sobre un capital muy superior a su costo real.

En el trabajo y sus beneficios, la nación fue un socio esencial y merece compartir los dividendos en igualdad de condiciones con el individuo.

El segundo hijo tuvo la fortuna de establecerse en Pittsburgh justo cuando se descubrió que algunos de los campos de carbón, de los cuales esta ciudad es el centro, producían un carbón coquizable admirablemente adaptado para la fundición de mineral de hierro. Otra veta, fácil de extraer, resultó ser un excelente carbón de vapor. Pronto surgieron pequeñas fábricas de hierro. Todo indicaba que aquí, de hecho, estaba la futura ciudad del hierro, donde el acero podría producirse más barato que en cualquier otra parte del mundo. Naturalmente, su atención se dirigió en esa dirección. Cortejó al genio del lugar. Esto no requirió ninguna maniobra extraordinaria. Estaba en el ambiente. Está acreditado por haber mantenido una fe constante en el futuro de su país y del acero, y por arriesgar, junto con sus jóvenes compañeros, no solo todo lo que tenía, que era poco o nada, sino también todo lo que pudieron inducir a los banqueros tímidos a prestar de vez en cuando. Él y sus socios construyeron molinos y hornos y, finalmente, lograron tener una gran empresa que ganaba millones anualmente. Este hijo y sus socios miraron más allá. Visitaron otros países y observaron las condiciones, y finalmente concluyeron que un gran suministro de materias primas era la clave para la prosperidad permanente. En consecuencia, compraron o arrendaron muchas minas de mineral de hierro, miles de acres de carbón y piedra caliza y también territorio de gas natural, y al fin tuvieron durante muchos años una provisión completa de todos los minerales necesarios para producir hierro y acero. Esto era una política sólida, pero no requería de genialidad, solo estudio inteligente, visión y buen juicio, para darse cuenta de esto. No produjeron estos minerales; los vieron allí, disponibles para la venta a precios que ahora se consideran meramente nominales. Gran parte de la riqueza de la empresa provino de estos minerales, que una vez fueron propiedad pública de la comunidad, y fueron fácilmente asegurados por este afortunado hijo y sus socios mediante regalías insignificantes.

Su empresa se hizo rentable por la demanda de sus productos, hierro y acero, de la población en expansión que se dedicaba a colonizar un nuevo continente. Sin nuevas comunidades populosas, cercanas y lejanas, no habría sido posible para ellos hacerse millonarios. La creciente población siempre fue el factor importante en su éxito. ¿Por qué debería negarse a la nación participar en los resultados cuando los recolectores cesan de recolectar y se debe hacer una división?

El tercer hijo se sintió atraído por Chicago y, como era natural, se convirtió en empleado de una empresa de empaquetado de carne, en la que pronto se hizo indispensable. Finalmente, obtuvo una pequeña participación en el negocio y, con el tiempo, se convirtió en millonario, justo cuando la población del país aumentaba. Si Chicago hoy, y nuestro país en general, tuviera solo la población de los primeros días, no podría haber habido una gran fortuna para el tercer hijo. Aquí, como antes, fue la magnitud del negocio, basada únicamente en las necesidades de la población, lo que aumentó las ganancias anuales y produjo fortunas prodigiosas.

El cuarto hijo, atraído por las historias de Hec- la y Calumet, y otras minas ricas que «superan con creces la riqueza de Ormuz o de la India», se estableció en Montana y tuvo suerte después de algunos años de experiencia dura. Sus emprendimientos le otorgaron la tan deseada condición de millonario. La cantidad de cobre y plata requerida por la creciente población del país y de otras tierras mantuvo los precios altos, y de ahí sus enormes beneficios extraídos de tierras por las que hace poco tiempo solo se pagó una miseria al gobierno general. Él no creó su riqueza; simplemente la extrajo de la mina conforme la demanda de la gente le daba valor a las piedras que antes eran inútiles. Aquí, especialmente, no podemos evitar sentir que las personas que crearon el valor deberían compartir los dividendos cuando estos deben pasar a otras manos.

El quinto hijo tuvo una carrera melancólica. Se estableció en la Ciudad de Nueva York cuando era joven y, desafortunadamente, comenzó sus labores en la oficina de un corredor de bolsa, donde pronto se absorbió en las fluctuaciones de la Bolsa, mientras su orgullosa madre anunciaba a todos los que conocía que él estaba «en negocios». De ahí, el paso fue fácil hacia jugarse sus pequeños ahorros. Sus aventuras en el juego resultaron exitosas. Era una era de valores en alza, y pronto adquirió riqueza sin incrementar los valores, ya que la especulación es el parásito del negocio que se alimenta de los valores, sin crear ninguno. Pasaron unos años y la vida febril del jugador hizo mella en él. Fue llevado a un esquema para acaparar una cierta acción, y, como era de esperar, descubrió que los hombres que conspiran para atrapar a otros no dudarán en engañar a sus socios si están seguros de que les conviene y es seguro de exposición. Terminó su vida por su propia mano. Su fin sirve para mantener a sus hermanos resueltos en la determinación de nunca apostar. El especulador raramente deja una fortuna de millonario, a menos que se derrumbe o fallezca cuando sus aventuras son momentáneamente exitosas. En tal caso, su oro mal habido debería ser gravado por el Estado a la tasa más alta de todas, incluso más allá de la impuesta sobre los valores inmobiliarios. La riqueza a menudo, podríamos decir generalmente, se acumula de tal manera que beneficia a la nación en el proceso; aquí, sin embargo, desmoraliza al adquisidor, así como a la gente, y baja el estándar ético; se toma sin devolver ninguna consideración válida, y se equipara a los juegos de los jugadores.

Hay una clase de millonarios cuya riqueza, en un grado mucho mayor que otros, puede ser acreditada a ellos mismos: los inventores — Graham Bell del teléfono, Edison de numerosos inventos, Westinghouse del freno de aire y otros — que originaron o aplicaron por primera vez procesos hasta entonces no utilizados y fueron suficientemente conscientes de sus intereses pecuniarios para mantener grandes participaciones en las empresas formadas para desarrollarlos e introducirlos al público. Su riqueza tuvo su origen en sus propios cerebros inventivos. ¡Todo honor al inventor! Él se encuentra en una plataforma más alta que los demás.

Se puede decir que, en mayor o menor grado, nuestros principales fabricantes, constructores de ferrocarriles, proyectores de grandes almacenes, empacadores de carne y otros especialistas en diversas áreas tuvieron que adoptar nuevos métodos, y, con pocas excepciones, si es que hay alguna, en sus carreras se puede rastrear alguna forma especial de habilidad de la que dependió su éxito, distinguiéndolos de la masa de sus competidores. Sin duda, esto es correcto; sin embargo, las invenciones o procesos utilizados fueron obra de otros, de modo que todo lo que hicieron fue introducir nuevos métodos de gestión o reconocer y aprovechar oportunidades. Esto también lo ha hecho la clase de los inventores si se han convertido en millonarios, pero además de ello, inventaron los nuevos procesos. Por lo tanto, estos merecen cosechar más allá que la otra clase, aunque solo en grado, porque ambas clases dependen igualmente del aumento de la población — las masas, que requieren o consumen el artículo producido — de modo que incluso la riqueza del inventor depende en gran medida de la comunidad que usa sus productos.

Es difícil entender por qué, a la muerte de su poseedor, una gran riqueza, acumulada o creada en cualquiera de estas formas u otras, no debería ser compartida por la comunidad que ha sido la causa o el socio más potente en su creación. Hemos visto que las enormes fortunas dependen de la comunidad; sin una gran y creciente población, no podría haber gran riqueza. Donde la riqueza se acumula de forma honorable, la gente siempre es un socio silencioso.

No se niega que el gran administrador, ya sea como constructor de ferrocarriles, propietario de barcos de vapor, fabricante, comerciante o banquero, es un hombre excepcional, o que los millones ganados honestamente en cualquier ocupación útil dan evidencia de habilidad, previsión y asiduidad por encima de la media, y prueban que el hombre que los ha hecho es un miembro muy valioso de la sociedad. Por lo tanto, no se debe obstaculizar ni restringir indebidamente a tales hombres mientras vivan. Después de todo, pueden absorber comparativamente poco; y, en términos generales, el hombre que hace dinero, en contraste con sus herederos, quienes generalmente se vuelven miembros de la élite social o del grupo de vida rápida, es abstemio, retirado y poco derrochador. Probablemente, el propio millonario es la abeja menos costosa en la colmena industrial, teniendo en cuenta la cantidad de miel que recolecta y lo que consume.

Prácticamente cada mil de su dinero está en trabajo para el desarrollo del país, ganando intereses, gran parte de ellos pagando trabajo. En interés de la comunidad, por lo tanto, no debe ser perturbado mientras recolecta miel, siempre que esté destinada en gran medida a la colmena general, bajo un sistema de tributación justo, cuando él fallezca.

Aquellos que no han tenido la oportunidad de estudiar la operación de la riqueza en el mundo son naturalmente llevados por el mal camino. Ven a sus poseedores en sus palacios rodeados de todo lujo, sus espléndidas carrozas en el parque; leen sobre sus extravagantes bailes, su vida desenfrenada y gasto desmedido, y, peor aún, sobre los juegos de azar con cartas y las apuestas en caballos —las carreras de caballos en Gran Bretaña, desafortunadamente, todavía cuentan con el más alto patrocinio—, espectáculos naturalmente difíciles de soportar para aquellos que sufren por las necesidades básicas de la vida. El autor no tiene ningún deseo de minimizar este triste contraste, ni de decir una sola palabra en su defensa. Es uno de los contrastes más tristes e indefendibles que se presentan en la vida; pero cuando procedemos a rastrear el trabajo de la riqueza en su conjunto, pronto se descubre que incluso estas extravagancias solo absorben una pequeña fracción de ella. Los fondos del millonario están todos en acción; solo una pequeña suma se encuentra en el banco sujeta a disposición. Nuestros ferrocarriles y barcos de vapor, molinos y hornos, estructuras industriales y gran parte del capital de trabajo necesario para mantenerlos en funcionamiento son el resultado de la inversión de riqueza. El millonario con dos, o el nuevo multimillonario con veinte, millones de libras esterlinas, mantienen solo sumas insignificantes ociosas. Todo lo demás lo ponen a trabajar, gran parte de ello empleando mano de obra. No pueden escapar de esto a menos que se conviertan en avaros y guarden el oro para regodearse, lo cual ningún hombre rico hace, al menos, que el autor sepa o haya escuchado. Por el contrario, el millonario, por regla general, es tanto consciente como astuto, más propenso que aquellos con menor fortuna a invertir su capital cuidadosamente. Además, él suele ser un hombre de gustos simples y averso a la ostentación.

Cualesquiera que sean las impresiones que los trabajadores puedan recibir de las clases más ricas, el hecho es indiscutible: su dinero excedente, menos una pequeña fracción, debe aumentar el fondo de salarios y, de alguna manera, beneficiar a aquellos que trabajan. Incluso sus extravagancias, en su curso, deben contribuir al negocio de muchas personas que luchan por obtener una competencia y, por lo tanto, al empleo de mano de obra. Poco puede gastar el rico sin recurrir al trabajo de otros, que debe ser remunerado. Todo lo que el millonario puede obtener de la vida es comida, vestimenta y alojamiento superior. Solo un pequeño, muy pequeño, porcentaje de todos sus millones puede desperdiciarse absolutamente. Cuando el socialista, por lo tanto, habla de que toda la riqueza vuelva al Estado, no proclama un gran cambio en su misión. El Estado, como único propietario, lo usaría al igual que los propietarios actuales usan todo menos una fracción; es decir, invertiría en algunas de las múltiples maneras que llevan a la recompensa del trabajo. Es simplemente una cuestión de si el control del Estado frente al del individuo resultaría más productivo, lo cual, juzgando por la experiencia de la gestión estatal e individual hasta ahora probada, puede ser gravemente dudoso. No haría mucha diferencia para los trabajadores si el título de la riqueza descansara en el Estado o en los individuos si el Estado decidiera, como lo hacen ahora los individuos, recompensar el trabajo según el valor determinado por la demanda, el estándar más justo. Todo permanecería muy parecido a como está ahora; uno seguiría obteniendo cinco talentos, otro diez, y unos pocos obtendrían muchos talentos, y el individualismo reinaría. Aún no se ha encontrado el puente que abarca el abismo entre la compensación igual e inequitativa para el servicio variado; aún así, hasta que esto se encuentre —creemos que no existe y es imposible de idear— no puede haber comunismo, ni de hecho ninguna forma más leve de socialismo a la que los mejoradores serios de las condiciones actuales necesiten hacer una objeción seria, ya que la absorción de «propiedad privada» y «compensación igualitaria», los dos pilares del socialismo revolucionario, están relegados inevitablemente al futuro lejano hasta que se encuentre un modo práctico de obtenerlas y gestionarlas.

Escuchamos demasiado en estos días sobre el tema de la riqueza como el principal objetivo de la vida. Solo para el trabajador manual y las clases más pobres se considera el dinero como el gran ídolo de nuestra época, ante el cual todos se postran, y esto simplemente porque es su necesidad más urgente y su adquisición es el trabajo de su vida. Es cierto, la riqueza está desplazando al rango hereditario, que hasta nuestro propio día ocupaba la posición más destacada en Gran Bretaña. Ahora, el pobre, el heredero promedio del título, busca su alianza y sigue siendo de poca importancia a menos que tenga éxito, porque se ve obligado a mantener un estilo de vida ostentoso que, sin fortuna, es imposible. Él busca una heredera, porque su posición no depende de sus méritos sino de su riqueza. Esto aplica solo al pequeño Reino Unido, ya que, entre nuestra raza de habla inglesa en otras partes del mundo, el rango hereditario es desconocido. Es un vestigio del pasado que provoca una sonrisa, ya que es divertido ver a personas con título asumiendo posiciones en el Estado o la sociedad únicamente porque alguien que los precedió ganó precedencia.

Que esto sea tomado en cuenta por los trabajadores: ninguna de las profesiones considera la gran riqueza como el premio principal. La adquisición de riqueza no es su objetivo. Consideren al médico: cuando un hombre elige esa noble carrera, conociendo todas sus pruebas, y se consagra a la mejora del sufrimiento humano, sabe bien que allí no encontrará fortuna. Tiene en vista un premio mucho más elevado que la riqueza. Consideren al ministro, quien siente que tiene un mensaje para entregar a sus semejantes y, en respuesta, abraza el llamado. La riqueza no lo atrae. Lo mismo sucede con el abogado. La riqueza no está en su mente como la recompensa de sus trabajos. Los jueces presidentes de las Cortes Supremas están por encima del beneficio pecuniario. El inventor, el arquitecto, el ingeniero y el científico tienen ante sí recompensas más nobles que las riquezas. Solo una competencia modesta es la expectativa razonable de todas estas clases. Los grandes maestros de sus semejantes, los presidentes y profesores de nuestras instituciones educativas, y los maestros de nuestras escuelas comunes, ¿acaso piensan en inclinarse ante el vulgar ídolo de la riqueza? Nuestros poetas, autores, estadistas, los más altos tipos de humanidad, están por encima de los atractivos de hacer dinero. Estos conocen satisfacciones mayores y vidas más nobles que las del mero millonario. Teniendo sus misiones más nobles, no tienen tiempo que perder acumulando morralla.

Todos estos hombres están en lo correcto, ya que más allá de una competencia para la vejez, que no necesita ser grande y puede ser muy pequeña, la riqueza disminuye más que aumenta la felicidad humana. Los millonarios que ríen son raros. Las disputas familiares deplorables que tan a menudo afligen a los ricos generalmente tienen su origen en diferencias sórdidas sobre el dinero. Los más miserables de los hombres, a medida que se acerca la vejez, son aquellos que han hecho del enriquecimiento su dios; como moscas sujetas a la rueda, estos desafortunados creían ingenuamente que realmente la estaban conduciendo, solo para descubrir, al estar cansados y desear descanso, que es imposible para ellos bajarse, y están perdidos: tienen mucho para retirarse pero nada a qué retirarse, y así terminan como empezaron, esforzándose por añadir a sus hordas inútiles, pasando a la nada, dejando su dinero atrás para que sus herederos se disputen, solo porque no pueden llevarlo con ellos. Un final melancólico, mucho menos envidiable que el de sus compañeros más pobres.

La riqueza no confiere fama, aunque puede comprar títulos donde estos predominan. Tampoco se recuerdan con cariño las memorias de los millonarios como clase. Es una ambición baja y vulgar acumular dinero, que siempre debe ser el esclavo y nunca el amo del hombre.

Hay una diferencia fundamental entre el rango y la riqueza. No puede haber una aristocracia hereditaria de riqueza. Donde esta se deja libre, como regla, pasa en tres generaciones de manga de camisa a manga de camisa en todas las tierras de habla inglesa excepto en el Reino Unido, donde la ley de primogenitura y los acuerdos legales protegen una clase hereditaria y anulan la operación de la ley natural. En tierras libres, se puede confiar en que los hijos de los millonarios y sus hijos cumplirán con la ley; mantener una fortuna es casi tan difícil como adquirirla. La riqueza es dispersiva donde no está apuntalada por leyes especiales diseñadas para mantenerla en ciertos canales, todas las cuales deberían ser derogadas de inmediato.

La riqueza en América, la tierra de las mayores fortunas, nunca ha pasado más allá de la tercera generación. Rara vez llega tan lejos. Tenemos unas pocas, muy pocas, familias de la tercera generación que ahora están gastando las fortunas hechas por sus abuelos. Las dos o tres mayores fortunas de su tiempo ahora se están distribuyendo libremente entre los hijos y nietos, y se reducirán a sumas moderadas para cada uno cuando los niños actuales alcancen la madurez; tan seguro como el destino, muchos de sus descendientes serán encontrados trabajando como sus capaces antepasados lo hicieron en sus mangas de camisa. Podemos confiar con seguridad en que aquellos que no han hecho el dinero demostrarán ser expertos en despilfarrarlo.

Las grandes fortunas son pocas. El agregado de riqueza incluida en estas es pequeño en comparación con la cantidad en fortunas muy moderadas. Las primeras atraen atención mucho más allá de su importancia.

Las gigantescas fortunas, por naturaleza, deben ser menos numerosas y más difíciles de acumular en el futuro que en el pasado. La mayoría de los grandes emprendimientos ahora están en forma corporativa. El autor solo conoce a un hombre en activo negocio que probablemente tenga un patrimonio excepcionalmente grande, y los cimientos de ese se establecieron hace más de medio siglo con la compra de tierras forestales que han aumentado enormemente en valor.

Podemos confiar con seguridad en el libre juego de las fuerzas naturales bajo una tributación progresiva, si no es obstaculizada por la legislación como en Gran Bretaña, para prevenir el peligro o daño al Estado que puede surgir de la riqueza hereditaria.

La distribución equitativa de la riqueza es uno de los gritos más fuertes del socialismo. Supongamos que un filántropo —lo que generalmente significa un hombre con más dinero que sentido común— resolviera actuar según esa idea y repartir su fortuna entre los pobres de Londres o Nueva York, y fuera a ellos una mañana para anunciar su propósito. Pronto es rodeado y comienza la distribución. Cada hombre o mujer recibe una parte proporcional, digamos £5 esterlinas, hasta que se han regalado varios miles, y la multitud sigue creciendo constantemente.

Él regresa por la noche para presenciar el resultado y se estremece ante la visión que se le presenta. ¿Son esos realmente hombres y mujeres, o solo miserables degradados en forma humana? ¿No es evidente para todos que el primer trabajo indispensable del socialismo es la elevación de la humanidad a un estándar de conducta que garantice el uso sabio y sobrio de los beneficios recibidos? Todos estaríamos de acuerdo en que cuando se alcanzara esta necesaria elevación, sería oportuno discutir los pasos adicionales para aliviar la angustia. Mientras tanto, el distribuidor tonto habría hecho más daño a sus semejantes en un día del que podría hacer bien en el resto de su vida. «Arrodíllate y pide perdón» son las palabras que, sin duda, se aplicarían a tal filántropo.

Imagina que cada hombre, mujer y niño en Gran Bretaña recibiera £250 esterlinas, su proporción de la riqueza nacional si se dividiera equitativamente. ¿Cuál sería el resultado? Probablemente habría un período de excesos y desorden, y luego, con el tiempo, ricos y pobres emergerían nuevamente, dejando a muchos en una situación peor que al principio.

Mientras tanto, nuestro deber inmediato es distribuir la riqueza excedente de la mejor manera posible en formas que creamos más adecuadas para mejorar las condiciones existentes, y asegurar su distribución más equitativa en el futuro mediante impuestos progresivos elevados sobre la riqueza al fallecimiento del propietario, y evaluando a las personas en proporción a su capacidad para mantener al gobierno. Esta política es fuertemente defendida por el Presidente Roosevelt en América. Se necesita con mucha más urgencia en Gran Bretaña.

Los socialistas generalmente escriben sobre la riqueza como si fuera poseída por unos pocos, pero no se debe perder de vista el hecho de que las clases trabajadoras, en conjunto, son grandes capitalistas. Solo los bancos de ahorro del estado de Nueva York en 1906 tenían £1,335,000,000, propiedad de 2,637,235 depositantes. Depósitos promedio, £506.25. Todos estos son los ahorros de los trabajadores, ya que los empresarios y capitalistas usan su dinero para obtener mejores ventajas. Estos bancos están estrictamente confinados por carta a inversiones en valores de primera clase, están cuidadosamente administrados y poseen la confianza del pueblo.

En los Estados Unidos, los depósitos en bancos de ahorro ascendían al gran total de $3,482,000,000, pero esto no es una medida de los ahorros totales de la clase trabajadora, porque en América, especialmente en los estados del Oeste, las oportunidades para una inversión más rentable de los ahorros son numerosas, y el rápido incremento de los valores de bienes raíces lleva a los trabajadores a preferir invertir en casas. Cuando consideramos las vastas sumas invertidas por los trabajadores en casas, seguros, sociedades cooperativas y mutualistas, y de otras maneras, y agregamos estas a las anteriores, el problema sobre el que el socialista escribe con tanta ligereza de transferir toda la riqueza al Estado comienza a asumir sus verdaderas proporciones.

Citando «El Servicio de Sociedades Amigables», por Alexander Cargill:

Aquí hay un resumen lo más breve posible de la posición de las sociedades registradas en todo el país (me refiero a Gran Bretaña e Irlanda), a la fecha del último informe público, es decir, el 31 de diciembre de 1902. En primer lugar, tenemos las sociedades amigables puras y simples, incluidas todas sus ramas, sociedades de colección, sociedades benévolas, clubes de trabajadores, médicas, etc., y les interesará saber que el número de miembros de las sociedades amigables en la fecha mencionada era de 13,344,494, y sus fondos en la misma fecha ascendían a £44,848,575. Luego, están las sociedades cooperativas para industrias y comercios, negocios y sociedades de tierras. La membresía de estas era de 2,054,835, y sus fondos sumaban £43,328,078. Luego tenemos los sindicatos, que tienen una membresía de 1,604,812, y fondos que ascienden a £5,016,408; esquemas de compensación para trabajadores, con una membresía de 122,441, y fondos de £172,408; Sociedades de Amigos del Trabajo, con una membresía de 32,684, y fondos de £254,426. Pasando a las sociedades de construcción, de las cuales hay dos tipos, a saber: las incorporadas y las no incorporadas, juntas tienen una membresía total de 595,451, con fondos que ascienden a £63,907,087. Por último, tenemos los bancos de ahorro certificados totales, de fiduciarios y correos, de la gente y de ferrocarril. Estos tienen ni más ni menos que 10,837,186 depositantes, y sus fondos ascienden a £222,677,941. Sumando todas estas cifras, alcanzamos una membresía agregada de casi 29,000,000, con fondos combinados que ascienden a aproximadamente £400,000,000 esterlinas.

En 1905, el Resumen Estadístico de los Estados Unidos de 1906 proporciona datos sobre depósitos en bancos postales y otros bancos de ahorro en varios países. En Gran Bretaña, los depósitos ascendieron a $997,000,000 con 11,694,000 depositantes, promediando $85 por depositante. Dinamarca tenía depósitos de $205,723,000 con 1,291,000 depositantes, promediando $159 por depositante. Los depósitos de Alemania fueron de $2,639,590,000 con 16,613,000 depositantes, también promediando $159 por depositante. En Francia, los depósitos totalizaron

$890,000,000 con 11,768,000 depositantes, promediando $75 por depositante.

El total para todos los países que reportaron depósitos fue de 91,273,000 depositantes, con una suma combinada de $11,801,229,509. Estas cantidades significativas están ahorradas de manera segura, protegidas del deterioro y el robo. Sin embargo, existe una amenaza por parte de ideologías socialistas que buscan confiscar estos ahorros y redistribuirlos al Estado, convirtiendo así el dinero en propiedad comunal. Esto podría socavar la propiedad individual y la seguridad de los ahorros.

Si estos depósitos fueran devueltos a sus legítimos propietarios o se pagaran intereses sobre ellos, conduciría a la creación de una clase capitalista sustancial distinta de la comunidad socialista general. Esto reintroduciría las distinciones de clase que son contrarias a los principios socialistas, planteando un desafío a la implementación de una sociedad completamente socialista.

Las Islas Británicas, con sus once y medio millones de depositantes y una población que ronda los cuarenta y cinco millones, tienen un promedio de un poco más de un depositante por cada familia, considerando cinco personas por familia. Se podrían esperar serios problemas si el socialista dejara de limitarse a escribir sobre poner toda la riqueza en manos del Estado y comenzara a actuar. Afortunadamente, de esto no hay peligro.

Una de las principales objeciones al socialismo actual es que, aunque se presta a interminables debates, está condenado a la inacción como sistema hasta que, y a menos que, la naturaleza humana misma cambie en las incontables eras por venir. Hombres serios y de buena fe, movidos por nobles causas, no deberían ocuparse en perseguir sombras distantes mientras la sustancia, la mejora del presente, yace a sus pies lista para ser abordada.

Aquí hay un resumen lo más breve posible de la posición de las sociedades registradas en todo el país (me refiero a Gran Bretaña e Irlanda), a la fecha del último informe público, es decir, el 31 de diciembre de 1902.

En primer lugar, tenemos las sociedades amigables puras y simples, incluidas todas sus ramas, sociedades de colección, sociedades benévolas, clubes de trabajadores, médicas, etc. Les interesará saber que el número de miembros de las sociedades amigables en la fecha mencionada era de 13,344,494, y sus fondos en la misma fecha ascendían a £44,848,575.

Luego están las sociedades cooperativas para industrias y comercios, negocios y sociedades de tierras. La membresía de estas era de 2,054,835, y sus fondos sumaban £43,328,078.

También tenemos los sindicatos, que tienen una membresía de 1,604,812, y fondos que ascienden a £5,016,408; esquemas de compensación para trabajadores, con una membresía de 122,441, y fondos de £172,408; y Sociedades de Amigos del Trabajo, con una membresía de 32,684, y fondos de £254,426.

Pasando a las sociedades de construcción, de las cuales hay dos tipos, a saber: las incorporadas y las no incorporadas. Juntas tienen una membresía total de 595,451, con fondos que ascienden a £63,907,087.

Por último, tenemos los bancos de ahorro certificados totales, de fiduciarios y correos, de la gente y de ferrocarril. Estos tienen ni más ni menos que 10,837,186 depositantes, y sus fondos ascienden a £222,677,941.

Sumando todas estas cifras, alcanzamos una membresía agregada de casi 29,000,000, con fondos combinados que ascienden a aproximadamente £400,000,000 esterlinas.

«Es muy simple; no lo gasté». La segunda clase de hombres busca la fama—no tan mercenarios pero más vanidosos que los primeros—y su único deseo lo expresó Hotspur:

Me parece una tarea fácil arrancar el brillante honor de la pálida luna, o de un salto zambullirme en las profundidades vastas y sacar, tirando de los cabellos, al honor ahogado, para poder así llevar todas sus dignidades sin rival.

Y así el vanidoso pavo real se pavonea por el escenario. La tercera clase aparece murmurando:

«Salgo entre los hombres, armado de una pura intención. Hay un gran trabajo por hacer, y no importa si caigo sin corona, siempre que se haga la obra de Dios. Porque he aprendido a valorar el acto relámpago, sin prestar atención al trueno que sigue y que los hombres llaman fama».

A esta clase puede pertenecer cada trabajador honesto, sincero, sobrio y fraternal que desempeña bien el papel que se le asigna. Es una verdad que todos deberían reflexionar, que en la mayoría de los casos el fracaso en la vida no se debe a nuestras estrellas, sino a nosotros mismos.

Todos debemos aprender la gran verdad de que solo una competencia moderada es deseable, casi necesaria, y la riqueza no es esencial; y cuando llegue, solo es una responsabilidad sagrada que debe ser administrada para el bien general.

Cuando esta lección se aprenda de verdad, la sed de riquezas disminuirá, y dejará de ser el objetivo de intensa búsqueda por parte de los hombres en general, lo cual nunca ha sido el caso con las clases profesionales. La gente pronto verá que no trae felicidad a sus poseedores, y generalmente es perjudicial para sus hijos. El hombre sabio comprometido en los negocios buscará solo una competencia moderada y luego se dedicará a los asuntos públicos, trabajando por el bien de los demás, especialmente en su propia comunidad.

El autor ha tenido la ocasión de visitar muchas ciudades y conocer a las autoridades cívicas: Alcaldes y miembros de los Concejos. Ha quedado profundamente impresionado con sus caracteres y habilidades, y especialmente con el gran número de ellos que han ascendido desde las filas de los pobres hasta la eminencia — no pocos de los Alcaldes lo han hecho. Gran parte de su tiempo está dedicado a la cuidadosa gestión de los asuntos municipales, aunque pocos han dejado de seguir sus ocupaciones regulares. Son felices llevando vidas útiles y dignas, conscientes de que ya no laboran solo para sí mismos, sino para sus compañeros menos afortunados. Es alentador descubrir que los trabajadores pueden y efectivamente ascienden con frecuencia a posiciones elevadas y prestan un gran servicio público en su madurez. Estos hombres llevan vidas útiles y felices, esforzándose en sus últimos años por mejorar las condiciones de vida para sus vecinos, haciendo así que un pequeño rincón de la tierra sea un poco mejor de lo que lo encontraron, ese rincón en muchos casos es el lugar más querido en la tierra para ellos — el lugar donde nacieron. Por el servicio útil a los demás, por la felicidad personal y la más dulce satisfacción, por todo lo que hace que la vida sea deseable y santifique la partida final, los millonarios, como clase, tienen buenas razones para envidiar a los Concejales Municipales. Los Alcaldes, Regidores y Concejales deberían pensárselo mucho antes de desear un intercambio de posiciones, incluso con multimillonarios. No hay nada inherentemente valioso en el mero dinero que valga la pena esforzarse por conseguir, a menos que se administre como una responsabilidad sagrada para el bien de los demás; de lo contrario, una competencia moderada basta para dar a la honrada vejez la corona.

La marcha ascendente del trabajo

El progreso de la humanidad desde los primeros días hasta el presente ha sido una marcha constante hacia adelante, a veces detenida en diversas regiones, retrocediendo momentáneamente, solo para ser impulsada nuevamente como las olas por la marea creciente. Si todavía se pensara que lo Desconocido había hecho al hombre perfecto, pero con un instinto para su propia degradación que aseguraba su caída, un llamado a retornar al pasado no sería asombroso. Pero cuando sabemos, en nuestra era iluminada, que el hombre es una evolución de órdenes inferiores de vida, y que tiene implantado dentro de sí el instinto que lo obliga a volver su rostro hacia el sol y avanzar poco a poco hacia lo mejor, rechazando en su progreso, después de probarlo, todo lo que le perjudica o degrada, el llamado de nuestros amigos socialistas a cambiar el presente individualista y civilizado que hemos alcanzado tras muchos cientos de miles de años de progreso por el sistema de comunismo del pasado salvaje, es de hecho sorprendente. No hay una fase de la existencia humana en la que miremos hoy en día que no muestre una mejora alentadora respecto al pasado. Este progreso, realizado en obediencia a la misma naturaleza del hombre, creado para ascender, en inteligencia, gustos y conducta, ha marcado toda la diferencia entre el ser salvaje y el ser civilizado.

Nunca olvidemos que bajo las condiciones actuales el mundo ha crecido y está creciendo mejor, y nos acercamos constantemente al ideal. Nunca hubo tanto espíritu de fraternidad entre los hombres, nunca tanta bondad, nunca tanta ayuda extendida por hombres, y especialmente por mujeres, a sus semejantes menos afortunados. El escritor apenas conoce una familia íntimamente en la que uno o más miembros no estén dedicando con sinceridad su tiempo y medios a hacer el bien, dando así no solo su riqueza, sino ellos mismos, para hacer más brillantes y mejores las vidas de los menos afortunados. Hay muchos de sus conocidos que recorren el camino que conduce a hacer de la tierra un paraíso, menos preocupados por «el cielo, nuestro hogar» que antes, pero más por hacer «nuestro hogar el cielo» aquí en esta vida.

Muchos, de hecho, en nuestros días merecerán el epitafio:

«Si hay otro mundo, vive en dicha; si no lo hay, hizo lo mejor de este».

No es, por lo tanto, al salvaje pasado al que debemos mirar en busca de guía. La parte de la sabiduría es aferrarse a lo que ha demostrado ser bueno y seguir como hemos estado haciendo. Marchando hacia arriba, la raza no es conducida por la multitud sino por unas pocas naturalezas excepcionales, tal como todas las órdenes de vegetación han sido y son mejoradas por las plantas excepcionales, desde el agrio cangrejo hasta la manzana de hoy; desde la manzana del amor en América de una generación pasada hasta nuestro suculento tomate. Surgieron plantas excepcionales, y de estas vinieron otras. Así en el reino animal: del lobo provino el perro collie; de un progenitor rudo de cinco dedos, el caballo. Todos los criadores perpetúan lo mejor.

En este progreso, el trabajador no ha dejado de compartir con el empleador. Si contrastamos lo que es con lo que fue, la diferencia es grande. En el pasado fue esclavo, luego siervo que realizaba trabajo manual; hasta hace un siglo seguía siendo un villano y se vendía con la mina, es decir, no podía dejarla sin el consentimiento del propietario. Hasta tiempos recientes no se le pagaba en efectivo. Ahora es un hombre libre y vende su trabajo al dueño de la mina, ambos igualmente independientes. En Dunfermline, hace algún tiempo, el escritor visitó los jardines de cabañas por los cuales se otorgan premios, acompañado por el Secretario de la Sociedad de Horticultura, quien es un minero de carbón y un orgullo para los trabajadores. Él comentó que ese día los patrones y los mineros estaban discutiendo la cuestión de los salarios. «Hace solo cien años», respondió el escritor, «los antepasados de ustedes habrían sido transferidos con las minas en caso de venta. Ahora, patrones y trabajadores se reúnen hoy como iguales, compradores y vendedores. ¿Qué se pensaría si los patrones propusieran volver a las antiguas condiciones?» Con un brillo en los ojos, que nunca se olvidará, vino la respuesta: «Ay, habría dos que negociaran ese trato, supongo».

Con sus sindicatos, pagos en efectivo, dueños de sí mismos y de su labor, es claro que los trabajadores han compartido en el avance general. La varita del progreso no los ha pasado por alto, ni carecemos de evidencia de que la marcha de su mejora no se detendrá.

Siguiendo el mismo curso con «Trabajo» que con «Riqueza,» el escritor hará libre uso de lo que ha dicho en años pasados en lugar de ofrecer sus opiniones en una nueva forma, ya que hoy siguen siendo en esencia las mismas que entonces expresó.

De «El punto de vista de un empleador sobre la cuestión laboral,» Fórum, abril, 1886.

La influencia de los sindicatos sobre las relaciones entre el empleador y el empleado ha sido ampliamente discutida. Algunas empresas en América se han negado a reconocer el derecho de los trabajadores a formar estos sindicatos, aunque no tengo conocimiento de que alguna empresa en Inglaterra se atreva a adoptar esta postura. Esta política, sin embargo, puede considerarse solo una fase temporal de la situación. El derecho de los trabajadores a combinarse y formar sindicatos no es menos sagrado que el derecho del fabricante a participar en asociaciones y conferencias con sus colegas, y tarde o temprano debe ser concedido. De hecho, se tendría una pobre opinión del trabajador estadounidense si permite que se le prive de un derecho que su homólogo en Inglaterra ha conquistado hace mucho tiempo. Mi experiencia ha sido que los sindicatos, en general, son beneficiosos tanto para el Trabajo como para el Capital. Sin duda, educan a los trabajadores y les proporcionan una concepción más verdadera de las relaciones entre el Capital y el Trabajo de lo que podrían formar de otro modo. Los trabajadores más capaces y mejores eventualmente llegan al frente en estas organizaciones; y puede establecerse como una regla que, cuanto más inteligente es el trabajador, menos conflictos hay con los empleadores. No es el trabajador inteligente —que sabe que el Trabajo sin su hermano Capital es impotente—, sino el hombre estridente e ignorante, quien ve al Capital como el enemigo natural del Trabajo, quien hace tanto para envenenar las relaciones entre empleador y empleado; y el poder de este demagogo ignorante surge principalmente de la falta de una organización adecuada entre los trabajadores a través de la cual se pueda expresar su verdadera voz. Esta voz siempre se encontrará a favor del representante prudente e inteligente. Por supuesto, a medida que los hombres se vuelven más inteligentes, se debe mostrar más deferencia hacia ellos, tanto personalmente como respecto a sus derechos, e incluso a sus opiniones y prejuicios; y, en general, habrá que pagar una mayor parte de las ganancias en tiempos de prosperidad al trabajador inteligente que al ignorante. A él no se le puede engañar tan fácilmente. Por otro lado, se mostrará mucho más dispuesto a aceptar una compensación reducida cuando los negocios estén en baja; y es mejor a largo plazo que el Capital sea servido por la inteligencia más alta, y que esté bien consciente del hecho de que está tratando con hombres que saben lo que se les debe, tanto en cuanto a trato como a compensación. … Por lo tanto, reconozco en los sindicatos, o, mejor aún, en las organizaciones de los hombres de cada establecimiento, quienes eligen representantes para hablar por ellos, un medio no de seguir envenenando las relaciones entre empleador y empleado, sino de mejorarlas.

Es asombroso cómo un pequeño sacrificio por parte del empleador puede a veces beneficiar enormemente a los trabajadores. Recuerdo que, en una de nuestras reuniones con un comité, uno de los oradores mencionó incidentalmente que la necesidad de obtener crédito en las tiendas del vecindario era una carga grave para los hombres. Un trabajador ordinario, dijo, no podía permitirse mantener a su familia durante un mes, y como solo recibía su paga mensualmente, se veía obligado a obtener crédito y a pagar precios exorbitantes por todo; mientras que, si tuviera el efectivo, podría comprar en Pittsburgh un 25 por ciento más barato.

Entonces, yo dije, ¿por qué no podemos solucionar eso pagando cada dos semanas? La respuesta fue: No nos gustaba pedirlo, porque siempre entendimos que causaría muchos problemas; pero, si lo hacen, valdrá como un aumento del 5 por ciento en nuestros salarios. Desde entonces hemos pagado de manera quincenal. Para evitar los precios excesivos de las pequeñas tiendas, sugerí una sociedad cooperativa, que se formó rápidamente, siendo la primera en la región.

Otro orador mencionó de pasada que, aunque estaban en medio del carbón, el precio cobrado por pequeñas cantidades entregadas en sus casas era una suma considerable por bushel. El precio nombrado era el doble de lo que nuestro mejor carbón nos costaba. ¡Qué fácil para nosotros entregar a nuestros hombres el carbón que necesitaban y cobrarles el costo! Esto se hizo sin un centavo de pérdida para nosotros, pero con gran ganancia para los hombres.

Surgieron varios otros puntos similares a estos, por los cuales sus labores podrían ser aligeradas o sus productos incrementados, así como otros que sugerían cambios en maquinaria o instalaciones, que, de no ser por las conferencias mencionadas, no habrían sido pensados por el empleador, y probablemente nunca habrían sido solicitados por los hombres.

Por estas y otras razones, atribuyo la mayor importancia a una organización de los hombres, a través de cuyos representantes debidamente elegidos los gerentes puedan ser informados de vez en cuando de sus quejas y sugerencias. No importa cuán capaz sea el gerente, el trabajador hábil puede a menudo mostrarle cómo se pueden hacer cambios beneficiosos en la rama especial en la que ese trabajador labora.

A menos que las relaciones entre el gerente y el trabajador sean no solo amistosas sino también amigables, los propietarios pierden mucho; tampoco es un buen gerente aquel que no tiene la confianza y el respeto, e incluso la admiración, de sus trabajadores. Ningún hombre es un caballero verdadero si no inspira el afecto y la devoción de sus servidores.

Sea lo que sea que el futuro tenga reservado para el Trabajo, el evolucionista, que no ve nada más que un progreso seguro y constante para la raza, nunca intentará poner límites a sus triunfos, incluso hasta su forma final de completa y universal cooperación industrial, que espero algún día alcanzar.

El siguiente extracto es de un discurso pronunciado al inaugurar la Biblioteca presentada a los trabajadores de Homestead (1898):

En el mundo industrial se requiere una asociación de tres cuando se planea una empresa. El primero de estos, no en importancia, sino en tiempo, es el Capital. Sin él, nada costoso puede ser construido. De él proviene el primer aliento de vida en la materia previamente inerte. Las estructuras elevadas por trabajadores externos, equipadas y listas para comenzar en cualquier línea de actividad industrial, dan paso a la operación del segundo socio. Esa es la Habilidad Empresarial. El Capital ha hecho su parte. Ha proporcionado todos los instrumentos de producción; pero, a menos que pueda contar con los servicios de hombres capaces para gestionar el negocio, todo lo que el Capital ha hecho se desmorona en ruinas.

Luego viene el tercer socio en los trabajos, último en orden de tiempo, pero no menos importante: el Trabajo Calificado. Si no cumple su parte, no se puede lograr nada. El Capital y la Habilidad Empresarial aportados sin él están muertos. Las ruedas no pueden girar a menos que el Trabajo Calificado las ponga en marcha.

Ahora, se pueden escribir volúmenes sobre cuál de los tres socios es primero, segundo o tercero en importancia, y el tema seguirá igual que antes. Los economistas políticos, los filósofos especulativos y los predicadores han estado dando sus opiniones sobre el asunto durante cientos de años, pero la respuesta aún no se ha encontrado, ni podrá encontrarse jamás, porque cada uno de los tres es sumamente importante, y cada uno es igualmente esencial para los otros dos. El Trabajo, el Capital y la Habilidad son como un taburete de tres patas. No hay primero, segundo ni último. ¡No hay precedencia! Son miembros iguales de la gran triple alianza que mueve el mundo industrial.

Hemos visto la posición que el Trabajo ha alcanzado en nuestros días. El empleado y el empleador se encuentran en términos iguales. Fue función del autor dialogar con el Trabajo durante veintiséis años, y cuanto más conocía a los trabajadores, más se elevaban en su estimación y aprecio. A veces, pero no a menudo, el trabajador puede ser engañado por hombres extremos; pero, como regla, siempre se puede confiar en que la mayoría sea justa y razonable. Los siguientes son extractos de un artículo que el autor publicó en el Foro, en abril y agosto de 1886:

Una huelga o un cierre patronal es, en sí mismo, un asunto ridículo. Ya sea un fracaso o un éxito, no da prueba directa de su justicia o injusticia. En esto, se asemeja a la guerra entre dos naciones. Es simplemente una cuestión de fuerza y resistencia entre los contendientes. La medida de batalla o el duelo no son más insensatos como un medio de establecer lo que es justo y equitativo que una huelga industrial o un cierre patronal. Sería una locura concluir que hemos alcanzado algún ajuste permanente entre el Capital y el Trabajo hasta que las huelgas y los cierres patronales sean cosas del pasado, al igual que la medida de batalla o el duelo han quedado en las comunidades más avanzadas.

Entre los métodos sugeridos para su mejor reconciliación, debe asignarse el primer lugar a la idea de cooperación, o el plan mediante el cual los trabajadores se conviertan en copropietarios de las empresas y compartan sus destinos. No cabe duda de que, si esto pudiera lograrse, tendría el mismo efecto beneficioso sobre el trabajador que la propiedad de la tierra tiene sobre el hombre que hasta ahora ha cultivado la tierra para otro. El sentido de propiedad lo convertiría en más hombre en cuanto a sí mismo, y, por lo tanto, más ciudadano en cuanto a la comunidad.

Si bien el sentimiento público ha condenado, de manera justa e inequívoca, la violencia, incluso en las formas para las que hay más excusas, me gustaría que el público considerara debidamente la terrible tentación a la que, a veces, se somete al trabajador en huelga. Esperar que alguien dependiente de su salario diario para las necesidades básicas de la vida permanezca en paz y vea cómo un nuevo hombre es empleado en su lugar es esperar demasiado. Este pobre hombre puede tener una esposa y niños dependientes de su trabajo. La disponibilidad de medicinas para un hijo enfermo, o incluso de alimento nutritivo para una esposa delicada, depende de su empleo continuo. En casi todos los departamentos de trabajo, salvo unos pocos, es innecesario e, incluso, pienso, inapropiado, someter a los hombres a tal prueba. En el caso de los ferrocarriles y unos pocos otros empleos, es, por supuesto, esencial para las necesidades públicas que no se produzcan interrupciones, y en esos casos se deben emplear sustitutos; pero el empleador encontrará mucho más beneficioso, donde sea posible, permitir que sus operaciones queden inactivas y esperar el resultado de una disputa antes que emplear la clase de hombres que se puede inducir a tomar el lugar de aquellos que han dejado de trabajar. Ni los mejores hombres como individuos ni los mejores hombres como trabajadores pueden ser conseguidos de esta manera. Existe una ley no escrita entre los mejores obreros: «No tomarás el trabajo de tu vecino». Ningún empleador sabio perderá a la ligera a sus viejos empleados. La duración del servicio cuenta mucho de diversas maneras. Recurrir a personas desconocidas debería ser el último recurso. El autor nunca intentó operar plantas con nuevos hombres. En su opinión, las huelgas generalmente no surgen tanto por disputas sobre los salarios, sino por la falta de conocimiento de una parte hacia la otra. El empleador no conoce a los hombres, su punto de vista y sus problemas, y los hombres no conocen a su empleador y sus problemas. Tampoco el empleador conoce las virtudes del trabajador ni el trabajador los buenos rasgos del empleador. Cada uno solo mira un lado del problema. La falta de un reconocimiento adecuado de los trabajadores por parte de los empleadores como semejantes causa la mayoría de las disputas laborales.

En el servicio doméstico, donde las dos clases, empleador y empleado, llegan a conocerse como hombres y mujeres, hay pocas disputas, simplemente porque cada uno encuentra en el otro muchas cualidades entrañables. Pocas son las familias en las que no se encuentran servidores estimados viviendo en su vejez como miembros del hogar, o pensionados y viviendo cerca en sus cabañas, frecuentemente visitados.

La relación final entre el capital y el trabajo

Aunque hemos dicho que el Trabajo ha contribuido al progreso de la raza, considerando de dónde partió y la posición que ahora ocupa, no se puede afirmar que las condiciones sean satisfactorias tal como existen. En el futuro, el Trabajo se elevará aún más; la forma de sociedad por acciones abre la puerta a la participación de los Trabajadores como accionistas en cada rama del negocio. En esto, el autor cree que reside la solución final y duradera de la cuestión laboral. La Carnegie Steel Company inició un comienzo al hacer de vez en cuando a más de cuarenta jóvenes socios; solo uno estaba relacionado con los socios originales, pero todos fueron seleccionados por sus méritos probados tras largos años de servicio. Ninguno aportó un centavo. Sus notas fueron aceptadas, pagaderas únicamente con las ganancias del negocio. Se tuvo especial cuidado en admitir a trabajadores del departamento mecánico, que hasta entonces había sido descuidado por los empleadores. La primera vez que un superintendente de una de las plantas fue nombrado socio, se atrajo la atención, pero a medida que continuábamos admitiendo a hombres que habían ascendido desde el rango de mecánicos, descubrimos que era cada vez más ventajoso. Los superintendentes ahora se sentaban en las reuniones de la junta con los gerentes de oficina. De esta política surgió la costumbre de otorgar bonos anuales a los hombres en posiciones subordinadas que hubiesen realizado un trabajo excepcional. Esta clase naturalmente sentía que estaban en el camino ascendente hacia la admisión como socios; sus pies estaban sobre la escalera.

El problema presentado por la combinación de muchas acerías en la United States Steel Corporation no era del todo nuevo, ya que la gestión individual y corporativa han coexistido desde que se formaron las sociedades por acciones. La primera tenía indudablemente grandes ventajas sobre la segunda. Hombres capaces, gestionando sus propios negocios en competencia con grandes cuerpos de accionistas que emplean gerentes asalariados, estaban seguros de aventajar a sus competidores corporativos, y así lo hicieron. Nada puede enfrentarse a la gestión directa de los propietarios. La United States Steel Corporation se dio cuenta de esto y, como sustituto, resolvió adoptar la política de interesar a sus oficiales y empleados en sus acciones. Pronto se vio que algún plan de participación en las ganancias presentaba la mejor, y de hecho la única, alternativa a la gestión individual. El autor apoyó firmemente esta idea en su discurso presidencial ante el Instituto del Hierro y el Acero en Londres, en 1903, pero se atrevió a señalar un defecto serio. Las inversiones en las acciones de la compañía propuestas a los empleados debían correr a riesgo de los compradores. Agregamos que «esto parece ser una característica que, sin embargo, podemos esperar que la corporación cambie a medida que se adquiera experiencia». «Cada empleado un accionista» evitaría la mayoría de las disputas entre Capital y Trabajo, y esto principalmente por el sentimiento de mutualidad que se crearía, ahora, ¡ay! generalmente ausente. Para lograr esto, cada corporación bien podría permitirse vender acciones a sus trabajadores ahorradores, dando preferencia en el reembolso a costo como un primer cargo en caso de desastre, tal como las leyes actuales prevén primero para el gravamen del mecánico y la exención de la vivienda. Esto es debido al trabajador, quien necesariamente compra las acciones sin conocimiento, y se le pide que las compre, no solo para su propio beneficio, sino también para el beneficio de la compañía: la ventaja de ambos. Esta visión, como se expresó por el autor en el discurso mencionado, nos regocija decir, ha sido adoptada por la Steel Corporation, y su última oferta de acciones garantiza a los empleados contra pérdidas.

El departamento de gerencia recibe bonificaciones cada año sobre las ganancias del negocio.

Todo esto fue recibido por el autor con gran deleite, ya que en sus sueños diurnos a menudo había meditado sobre el plan de que los empleados se convirtieran en copropietarios junto con él y sus socios. Quizás se le permita citar del discurso referido (mayo, 1903, Londres):

«No puedo hablar demasiado bien de este experimento, ni dar demasiado crédito a la Steel Company por llevarlo a cabo, ya que se declara que está en la etapa experimental y sujeto a futuras mejoras, como todos los esquemas nuevos deberían estar. Su capaz y progresista autor, el Sr. George W. Perkins, merece ser sinceramente felicitado.

Así vemos, señores, que el mundo avanza paso a paso hacia mejores condiciones. Así como el mundo mecánico ha cambiado y mejorado, el mundo del trabajo ha avanzado desde la esclavitud del trabajador hasta el día de su independencia absoluta, y ahora hasta este día, cuando comienza a tomar su lugar adecuado como el socio-capitalista de su empleador.

Podemos esperar con esperanza el día en que sea la norma que el trabajador sea socio del capital, el hombre de negocios aportando su experiencia comercial y el obrero en la fábrica su habilidad mecánica a la compañía, ambos como propietarios de las acciones y, por ende, igualmente interesados en el éxito de sus esfuerzos conjuntos, cada uno indispensable y sin cuya cooperación el éxito sería imposible. Es una espléndida vista la que se nos permite contemplar.

Quizás se me considere demasiado optimista en este pronóstico, que sin duda tomará tiempo para realizarse, pero como resultado de mi experiencia estoy convencido de que la gran combinación, e incluso la corporación moderada, no tiene ninguna oportunidad de competir con la sociedad que abarca a los principales funcionarios y ha adoptado el sistema de pago por bonificación o recompensa en todas sus obras. Se puede confiar en que esta última, como regla, obtendrá dividendos generosos en tiempos de depresión, durante los cuales la primera, conducida según el plan antiguo, incurrirá en pérdidas reales y quizás caiga en un aprieto financiero. Al hablar de corporaciones no debemos olvidar, sin embargo, que hay muchas que son corporaciones solo de nombre, siendo su gestión la obra de vida de unos pocos propietarios. Estas se asemejan a las sociedades, teniendo todas las ventajas de esta forma. La verdadera corporación es aquella cuyas acciones están en la Bolsa de Valores, y cuyos verdaderos dueños cambian constantemente y a menudo son desconocidos incluso para el presidente y los directores, mientras que para los trabajadores son meras abstracciones. Es imposible infundir a lo largo de sus filas el sentimiento de consideración personal y lealtad con todo su poder maravilloso. Por lo tanto, el paso dado por la United States Steel Corporation no es una sorpresa para mí, ya que durante mucho tiempo he creído que tales corporaciones estarían obligadas a adoptar el mejor sustituto posible para el factor personal del sistema antiguo, o fracasar. En la sabia política de la United States Steel Corporation veo prueba de esa opinión, y no puedo sugerir una mejor forma que la que ha adoptado, siempre y cuando se asegure al trabajador accionista contra la pérdida»

En el porcentaje asignado por el plan para recompensar a los funcionarios excepcionales, tenemos para la enorme corporación quizás el mejor sustituto alcanzable para la magia de la sociedad, algo que, sin embargo, nada puede igualar. La recompensa a los funcionarios departamentales puede asegurarse fácilmente bajo esta disposición. En el bono otorgado anualmente sobre las acciones que poseen los empleados, tenemos una prueba de consideración hacia ellos que no puede sino resultar beneficiosa, y la distribución de acciones entre ellos ofrece una ventaja que hasta ahora ninguna sociedad ha gozado. No cabe duda de que esta última adoptará el plan o encontrará un equivalente, ya que el trabajador que posee acciones en absoluta seguridad demostrará ser mucho más valioso que uno sin tal interés, y muchas ventajas incidentales recaerán en la compañía que posea numerosos empleados accionistas que, algún día, verán a sus representantes bienvenidos en la junta directiva. Esto sería lo más propicio para la armonía, ya que el conocimiento mutuo entre los propietarios y los trabajadores es la mejor prevención de la insatisfacción. Si se asegura la inversión de los ahorros de los trabajadores, la rápida extensión del plan parece segura y puede ser recibida con satisfacción sin reservas; pero, en su forma actual, obviamente no es capaz de aplicación general, ya que pocos funcionarios de corporaciones podrían o estarían dispuestos a asumir la responsabilidad de inducir a sus trabajadores a invertir en sus acciones como un valor seguro, y pocas corporaciones podrían o deberían inspirar la confianza necesaria en la labor de que estas disfrutarán de una carrera ininterrumpida de prosperidad, pues tal no ha sido la historia de las empresas manufactureras en general, especialmente en nuestro campo, al cual bien se podrían aplicar las conocidas líneas de Hudibras:

«¡Ay de mí! ¡Qué peligros rodean al hombre que se entromete con el hierro frío!»

La idea de hacer a los trabajadores accionistas y de dividir un porcentaje de las ganancias entre aquellos que presten un servicio excepcional probablemente encontrará la oposición de los extremistas en ambos lados: el violento revolucionario de las condiciones capitalistas y el empleador estrecho y avaro cuyo credo es comprar su mano de obra como lo hace con sus materiales, pagando el precio acordado y terminando ahí. Pero creemos que esta oposición no será significativa. Incluso hablará bien de la nueva idea si es rechazada por los extremistas y elogiada por la mayoría de las personas que no están en ninguno de los extremos peligrosos, sino en el medio, donde generalmente reside la sabiduría.

Mientras tanto, aquí está el germen de un plan prometedor que se ofrece como solución para uno de los problemas acuciantes de nuestra época, el cual puede demostrar ser susceptible de desarrollo. Recibámoslo, estudiémoslo y discutámoslo con una mente abierta. Que el problema se resolverá y que los dos factores algún día vivirán en amistosa cooperación, que nadie lo dude. La sociedad humana lleva una vida encantada. Es inmortal y nació con el poder inherente o instinto, como una ley de su ser, para resolver todos los problemas finalmente en la mejor forma, y entre estos, ninguno más seguro que esa cuestión problemática de nuestra época, las relaciones entre estos Gemelos Siameses, que deben prosperar mutuamente o decaer mutuamente: Empleador y Empleado, Capital y Trabajo.

«Dos millones y medio de dólares en acciones adicionales fueron ofrecidos por la Steel Company a los trabajadores este año (1908) y todas fueron adquiridas; además, veinticinco mil empleados más solicitaron acciones, muchos de ellos solo una, y se les proporcionarán. Así, casi cien mil trabajadores de esta compañía serán pronto accionistas, es decir, copropietarios con derecho a votar junto con sus compañeros y a participar en las ganancias. Estos trabajadores tienen los pies sobre la escalera y están destinados a ascender. Es muy probable que ahorren e inviertan cada vez más. Esta es la respuesta, alcanzada por evolución bajo las condiciones actuales, para los pesimistas y revolucionarios, que nuestros amigos socialistas deberían considerar detenidamente.

El economista político estricto de nuestro tiempo puede ver con recelo la idea de un salario mínimo y una garantía contra pérdidas para los trabajadores que poseen una participación minoritaria en las empresas; pero cualquiera que sea la forma final que pueda asumir la fusión de Trabajo y Capital en el futuro lejano, estas características parecen ser esenciales bajo las condiciones actuales. Si la carga tributaria debe ser soportada solo según la capacidad de pago, no es del todo irrazonable que el trabajador no esté sujeto a pérdidas, ya que, teniendo solo un salario mínimo, no tiene capacidad para incurrir en pérdidas. La exención de una suma determinada del impuesto sobre la renta en Gran Bretaña y en América, la exención de la pequeña vivienda familiar, son ejemplos de este principio.

Si los trabajadores fueran propietarios de la mayoría de las acciones y realmente gestionaran el negocio, la exención de compartir pérdidas debería cesar.

Esto es solo el comienzo. Las Tiendas Filene de Boston, una empresa de accionistas que emplea de siete a novecientos trabajadores, han llegado más lejos en la dirección de hacer que sus empleados sean copropietarios. El capital social es propiedad únicamente de los empleados y se devuelve a la empresa a su valor si el empleado deja el servicio. Cada acción pertenece a alguna persona que trabaja en las tiendas. El avance más importante es que todas las cuestiones se someten a arbitraje, no solo las quejas o disputas, sino también los salarios, el alcance del trabajo y la permanencia en el empleo. Han surgido más de cuatrocientos casos de arbitraje, y el resultado es que tanto los gerentes como los empleados están convencidos de que este es el plan adecuado. Cuando un empleado es despedido, tiene derecho a apelar a una junta de arbitraje compuesta por compañeros de diferentes niveles. Todas las disputas salariales se han resuelto satisfactoriamente. Hay un departamento de participación en las ganancias, que no tiene nada que ver con los salarios, y que ha distribuido cantidades variables cada año.

También existe un Comité de Bienestar de los accionistas, que gestiona una casa club y mantiene salas de almuerzo y recreación. El Comité de Seguros ofrece cinco clases de seguros al costo. Dos tercios de los trabajadores están asegurados. El banco paga un 5 por ciento sobre los depósitos de los empleados, que están garantizados por la empresa. El Comité de Publicaciones publica un periódico mensual. Los empleados disfrutan durante todo el año de muchas características de naturaleza social y educativa, y se ha creado una atmósfera de gran valor tanto para el negocio como para sus miembros».

Se puede añadir que las Tiendas Filene no tienen igual, y pocas compañías pueden igualarlas en la generación de ganancias. Sus mercancías son rotadas diez veces en algunos años, con un promedio de seis o siete veces, y las tiendas están entre las más destacadas y conocidas de Boston. No cabe duda de que los hermanos Filene son hombres extraordinarios y reconocidos líderes en este campo, pero podemos esperar que su ejemplo impresione a otros, especialmente porque sus planes de participación en las ganancias y propiedad de acciones han sido vindicados por un éxito inusual, desde todos los puntos de vista, especialmente en mejorar las relaciones entre empleadores y empleados.

Apenas estamos al comienzo de la participación en las ganancias y el reinado de los trabajadores-propietarios, lo cual muchos indicios señalan como el próximo paso adelante en la marcha del trabajo asalariado hacia la etapa superior de compartir beneficios —la asociación conjunta— trabajadores con la mano y trabajadores con la cabeza pagados con beneficios, sin arrastrar a los segundos hacia abajo, sino elevando a los primeros.

Nunca vemos partir una flota pesquera sin considerarla como la mejor ilustración de la relación perfecta que algún día prevalecerá entre el Capital y el Trabajo en general. Cada hombre en el barco, desde el capitán hacia abajo, es socio, pagado mediante la participación en las ganancias de la captura, según el valor de su trabajo. Incluso el menos pagado, probablemente un joven aprendiz, no aún marinero de cuerpo entero, podría ser socio en el negocio.

Aquí hay un campo capaz de inmediata y amplia extensión, siempre que los empleadores acuerden fijar un salario mínimo suficiente para mantener económicamente el hogar del trabajador, y se cree que todo empleador justo estaría dispuesto a aceptar esto de buen grado.

Hasta ahora, hemos identificado 189 empresas manufactureras en los Estados Unidos que han establecido departamentos de bienestar. Estos departamentos incluyen iniciativas como la venta de acciones a los trabajadores, modos adicionales de aumentar los salarios y otras formas de reconocer la comunidad de intereses entre empleadores y empleados. Según el libro de Gilman de 1899 sobre la participación en los beneficios, varios países europeos contaban con varias firmas de este tipo: Francia tenía 120, Gran Bretaña 94, Alemania 47, Suiza 14, Italia 8, Holanda 7, Bélgica 6 y Austria-Hungría 5.

Está siendo cada vez más raro que grandes empleadores pasen por alto este aspecto del bienestar del empleado. Por ejemplo, dieciocho de las principales compañías ferroviarias en América han establecido sistemas de pensiones para sus empleados, cuyo costo es completamente asumido por las corporaciones. Esta característica de pensión, similar a la participación en las ganancias, está ganando un significativo impulso y se espera que se vuelva universal. A medida que estas prácticas avanzan, el trabajo progresa hacia una mayor igualdad con los millonarios, posicionando a los trabajadores como socios en el negocio.

Se observará que las opiniones del autor no son de ayer; ha tenido una considerable experiencia con el problema laboral y ha reflexionado mucho sobre él. Si el ideal comunista se alcanzará finalmente en la tierra, después de que el hombre cambie tanto que el interés propio, que actualmente es el resorte principal de la acción humana, dé lugar al interés celestial por el prójimo, no se puede saber. El futuro no ha sido revelado. Quien dice sí y quien dice no son igualmente temerarios. Ninguno sabe; por lo tanto, ninguno debería presumir legislar en su día para un futuro del que nada puede conocer.

Dotado como está el hombre del instinto de mejora, afortunadamente no se puede fijar un límite a su marcha hacia la perfección, pero lo que es esa perfección no lo sabemos. El autor, sin embargo, cree que hay un punto claro, a saber: que el próximo paso hacia la mejora de las condiciones laborales es a través de la etapa de la participación accionaria en el mundo industrial, donde el obrero se convierte en copropietario de las ganancias de su trabajo.

El pago a esclavos y siervos, proporcionándoles refugio, comida y ropa, luego mediante órdenes en tiendas para artículos, hasta el pago en efectivo a los trabajadores independientes de hoy, cada uno un gran paso adelante, han sido ensayados. Ahora amanece el día en que el pago será realizado total o parcialmente mediante el reparto de beneficios, el obrero adquiriendo el estatus de oficial accionista y una voz en la gestión como copropietario. Se le garantizará un salario mínimo, cuando finalmente se le pague enteramente mediante beneficios, para mantener su mente tranquila y libre para su trabajo, asegurándose así el sustento adecuado para él y su familia.

Cabe mencionar que las inversiones de los trabajadores-socios en la United States Steel Corporation han sido muy rentables tanto para los hombres como para la empresa. A los obreros sensatos, les decimos nuevamente: aférrense a lo que ha demostrado ser bueno. Sigan marchando por el camino del progreso decidido y continuo, un progreso que se puede comprobar simplemente echando un vistazo hacia atrás a las condiciones bajo las cuales el trabajo comenzó, cuando el trabajo era parte de los esclavos, y contrastar esto con su posición independiente actual.

Hemos desdeñado el progreso del trabajo; este es el camino más ventajoso para que continúe avanzando. Hasta ahora, ha sido claramente exitoso y puede continuarse fácilmente, ya que está resultando mutuamente beneficioso para el capital y el trabajo. Una de las mayores ventajas, en opinión del autor, se encuentra en acercar más a los trabajadores y a los gerentes, de modo que se conviertan en amigos y aprendan a valorar las virtudes del otro, pues ambos tienen virtudes, como bien sabe el autor, quien ha visto ambos lados del escudo como empleado y empleador. «Solo odiamos a aquellos que no conocemos», dice el proverbio francés. Hay mucha verdad en esto. En establecimientos vastos, es muy difícil, casi imposible, que los trabajadores y los empleadores se conozcan entre sí, pero cuando los gerentes y los trabajadores son copropietarios y ambos son pagados mediante salarios, como incluso lo es el presidente de la compañía, veremos una mayor interacción entre ellos. En caso de disputas, es seguro que los trabajadores-socios tienen un estatus que nada más puede proporcionarles. Pueden asistir a todas las reuniones de accionistas y tener voz allí si lo desean. Entrar a la clase de socios significa un poder incrementado para los trabajadores. Por otro lado, conocer los asuntos de la compañía, sus problemas y decepciones, que llegan a intervalos incluso a las empresas más exitosas, enseñará al trabajador mucho que no sabía antes.

La copropiedad tiende a traer un sentido realista de la verdad tanto para el Trabajo como para el Capital, al considerar que sus intereses, en términos generales, son mutuos. En cuanto al Capital, este puede finalmente, en algunos casos, ser proporcionado totalmente por aquellos que están involucrados en las obras, lo cual es el ideal que debe mantenerse en vista: el trabajador como Capitalista y Trabajador, Empleado y Empleador.

Esto, sin embargo, no corresponde a nuestro tiempo. Solo somos pioneros, cuyo deber es iniciar el movimiento, dejando a nuestros sucesores su pleno y libre desarrollo a medida que avanza la sociedad humana.

La primera compañía así poseída marcará una nueva era en las relaciones entre el Trabajo y el Capital. Puede que no tengamos que esperar mucho para este experimento, ya que está en línea con los desarrollos recientes. El autor no tiene ningún deseo de embarcarse nuevamente en los negocios, pero nada le atraería tanto como este ideal. Le gustaría dirigirse a un grupo de trabajadores, de muchos miles en número, y llamarlos a todos «copartícipes». Se dirige a cuarenta y tantos en una cena una vez al año con ese término entrañable: socios de su juventud y queridos amigos de su vejez; solo dos de ellos alguna vez invirtieron un dólar en el negocio. Todos los demás, muchos de ellos trabajadores, ganaron sus acciones mediante un servicio brillante. La mayoría de ellos son millonarios en dólares; todos son ricos.

Así es como el Trabajo pronto alcanzará su merecido lugar y recompensa, y el Trabajador y el Capitalista se convertirán en uno solo: el sistema de salarios, excepto un mínimo, siendo desplazado por la división de beneficios.

Lo anterior fue escrito antes de que lo siguiente por John Stuart Mill atrajera la atención del autor:

«La forma de asociación que, sin embargo, si la humanidad continúa mejorando, debe esperarse que predomine al final, no es la que puede existir entre un capitalista como jefe y los trabajadores sin voz en la gestión, sino la asociación de los propios trabajadores en términos de igualdad, poseyendo colectivamente el capital con el que llevan a cabo sus operaciones y trabajando bajo gerentes elegidos y removibles por ellos mismos».

Es sumamente alentador que una autoridad tan grande como Mill haya previsto que la condición ideal del futuro no radica en fábricas y minas de propiedad estatal, salarios uniformes para los trabajadores y la abolición del capital privado, como instan los socialistas, sino en la unión del trabajador y el capitalista en una sola y misma persona. El autor está convencido de que esta es la solución final y altamente satisfactoria. El primer paso hacia adelante ya ha sucedido en el progreso natural de la evolución, sin necesidad de revolución, y se exhorta fervientemente a la atención del obrero inteligente y sus líderes, algunos de los cuales parecen haberse desviado en la defensa de un sistema, reconocido como inadecuado para nuestra época, que requiere un cambio orgánico en las relaciones de la sociedad e, incluso, implica una completa revolución en la naturaleza del hombre, la tarea de mil años.

El experimento de la unión Trabajo-Capital - Trabajadores-Capitalistas - ha superado todas las expectativas hasta ahora. Incluso el socialista convencido podría, por lo tanto, recibirlo como al menos un paso en la dirección correcta, mejorando la posición del Trabajo respecto a antes, diciéndose a sí mismo: «Que el futuro traiga lo que pueda, un pájaro en mano a menudo vale más que una bandada entera en el arbusto. Nuestro remedio socialista es para el futuro; no olvidemos esto en nuestro trato con el presente».

El dilema del socialismo

Las dos escuelas del socialismo, evolutiva y revolucionaria, difieren en la cuestión crucial de los salarios, aunque es fundamental y debe resolverse de una manera u otra, porque hasta que no lo sea, no se puede saber realmente qué significa el socialismo. Si los salarios no deben ser iguales, no se pueden fusionar y mantener uniformes todas las clases, la base del socialismo. Citamos de varias fuentes socialistas:

«El socialismo prohíbe el uso futuro de la propiedad como medio de producción privado o fuente privada de ingresos y, por lo tanto, necesariamente pone fin a las desigualdades de ingresos».

«El socialismo es ese modo de vida social que, basado en el reconocimiento de la fraternidad natural y la unidad de la humanidad, tendría la tierra y el capital como propiedad de la comunidad en conjunto y operados cooperativamente para el bien igualitario de todos».

«Nuestro objetivo, de todos y cada uno, es obtener para toda la comunidad la propiedad y el control completos de los medios de transporte, los medios de manufactura, las minas y la tierra. Así buscamos poner fin para siempre al sistema salarial, barrer todas las distinciones de clase y, eventualmente, establecer el comunismo nacional e internacional sobre una base sólida».

«La tierra, siendo el almacén de los elementos necesarios para la vida, debe ser declarada y tratada como propiedad pública».

«El capital necesario para las operaciones industriales debe ser propiedad y ser utilizado colectivamente».

«El trabajo y la riqueza resultante de este deben ser equitativamente distribuidos entre la población».

«La controversia,» escribe la Sra. Annie Besant, «probablemente surgirá respecto a la división; ¿serán todas las partes iguales, o recibirán los trabajadores en proporción a la supuesta dignidad o indignidad de su trabajo? Sin embargo, la desigualdad sería detestable... La imposibilidad de estimar el valor separado del trabajo de cada hombre con cualquier resultado realmente válido, la fricción que surgiría, los celos que se provocarían, el descontento inevitable, el favoritismo y la corrupción que prevalecerían: todas estas cosas conducirán al Consejo Comunal por el camino correcto — la remuneración igualitaria de todos los trabajadores».

«Creemos que el socialismo es el siguiente paso en la evolución de la forma de Estado que dará al individuo el espacio más amplio y libre para la expansión y el desarrollo. El socialismo de estado, con todos sus inconvenientes (y estos los admito francamente) preparará el camino para el comunismo libre, en el que la regla —no solo la ley del estado, sino la regla de vida— será: De cada cual, según su capacidad, a cada cual según sus necesidades».

No obstante, lo anterior, el Sr. Hardie se aventura a afirmar en otro lugar que: «Por lo tanto, el estado socialista tendrá buenas razones para honrar al inventor, y tendrá un interés directo en recompensarlo como benefactor público».

Si ya es honrado, uno se pregunta qué forma podría tomar la «recompensa» adicional sin diferenciarlo de los demás.

Por otro lado, citamos del folleto del Sr. Jowett en la serie «El Ideal Laboral,» «El Socialista y la Ciudad,» pp. 17, 18 y 19. Esta declaración es tan vitalmente importante que la presentamos en su totalidad.

«En la actualidad, todas las grandes corporaciones están tratando de monopolizar para su propio servicio a un número de expertos insuficiente para cubrir todas las necesidades; el resultado es que algunas de ellas están pagando salarios de primera clase a hombres de segunda o tercera categoría. No habrá necesidad de esto cuando las ciudades dejen de competir entre sí, y se puede esperar naturalmente que las ciudades socialistas abolirán este último vestigio de competencia que aún persiste entre diferentes corporaciones municipales».

Las corporaciones asociadas podrán pagar salarios suficientemente altos, y cada corporación individual que necesite la asistencia de un especialista podría pagar honorarios de consulta a un fondo común. La acción conjunta en esta dirección tenderá a estabilizar los movimientos de expertos y funcionarios; por lo tanto, se debería considerar un procedimiento deshonroso por parte de un hombre que ocupa, digamos, un puesto responsable, como ingeniero, topógrafo, arquitecto u otra profesión similar, transferir sus servicios después de comprometer a la comunidad con algún esquema grande que implique un gran desembolso, hasta que el trabajo esté suficientemente avanzado para que la responsabilidad pueda ser adecuadamente atribuida en caso de fracaso.

«No es parte del plan socialista gestionar asuntos municipales bajo el control de los restos gerenciales de la empresa privada, pues por ese camino yace el desastre».

Aquí tenemos una revelación. Nada nuevo se obtendrá con la versión del socialismo del Sr. Jowett, excepto que las ciudades socialistas deben combinarse, cosa que no hacen en las condiciones actuales, y acordar no ofrecer una mayor recompensa por el trabajo, así robando a otras ciudades de sus hombres valiosos. ¡No hay competencia por la mano de obra! Los hombres valiosos estarán obligados a permanecer donde están. ¡No hay posibilidad de escape! ¿Qué piensan nuestros amigos trabajadores de esto? La capacidad, al igual que hoy, buscará y recibirá altas recompensas, y las ciudades, a través de sus gobernantes, se dignarán a combinarse para frustrar que el servicio reciba la recompensa que, bajo el libre juego de las fuerzas, merecería.

En «La base necesaria de la sociedad» (Contemporary Review, junio de 1908, p. 664), el Sr. Sidney Webb, quien nos dice que es socialista, escribe lo siguiente:

«El gobierno más democrático del próximo siglo, basado, como necesariamente debe estar, en la idea misma de proveer para cada una de las series de minorías de las que el mundo está compuesto, es tan probable que provea para una minoría como para otra, para sus poetas como para sus aprendices, para sus científicos como para sus soldados, para sus artistas como para sus artesanos, y con el avance del conocimiento práctico en la administración, es aún más probable que sepan cómo se pueden fomentar y realmente proveer bien para ellos que el patrón plutocrático irresponsable jamás lo hizo».

Otra autoridad eminente, el Sr. H. G. Wells, en su reciente libro, difiere de ambas partes citadas. El Estado no debe hacerse cargo de todas las ramas de la producción industrial, sino solo de la mitad. Declara:

«Una parte, o poco menos de una parte, de los negocios de un país como Inglaterra debe estar siempre en manos de hombres que son los dueños de sus propios emprendimientos y no son funcionarios asalariados de ninguna organización mayor. El trabajo no se pagará con salarios iguales ni según sus necesidades».

El socialismo no propone «abolir la competencia», como muchos antagonistas apresurados y tontos declaran. Si el lector ha pasado por lo anterior, sabrá que esto no es así. El socialismo confía en la competencia para el servicio y la mejora del mundo. Y para que la competencia entre hombres tenga libre juego, el socialismo busca abolir una forma particular de competencia: la competencia por obtener y conservar la propiedad —incluso por «casarse» con la propiedad— que degrada nuestro mundo actual. Pero dejaría a los hombres libres para competir por la fama, el servicio, los salarios, la posición y la autoridad, el ocio, el amor y el honor.

El socialismo debe establecer la igualdad de salarios, pues solo así puede mantener la uniformidad de vida, o conservar el actual sistema de desigualdad de salarios que implica variedad de vida. Si se adopta lo primero, la vida humana cambiaría, con resultados desconocidos. No es de extrañar que el Sr. Hardie relegue la consideración de esa cuestión al futuro, ya que tiene razón al decir que el hombre no está preparado hoy para tal cambio. Aquellos cuyos servicios merecen más que los del obrero común no estarían de acuerdo. Tal es la naturaleza humana tal como es hoy, y la idea de un ingreso uniforme puede ser descartada hasta que la naturaleza humana cambie. Por otro lado, si se pagan diferentes salarios según el servicio prestado, el socialismo se vuelve imposible. Como dice el Sr. Spargo, «Debe haber una igualdad aproximada de ingresos, de lo contrario deben formarse clases, y los viejos problemas incidentales a la desigualdad económica reaparecen». Aquí hay un obstáculo que el socialismo debe superar o, de lo contrario, caerá.

El Sr. Ramsay MacDonald, M.P., es un socialista filosófico que escribe bien. Nos dice:

«Si el estado socialista alguna vez llega, no será por un cambio repentino en las relaciones económicas y personales, sino por un reajuste gradual de las relaciones existentes hasta que la estructura orgánica haya sido completamente alterada».

Nunca se han escrito palabras más verdaderas. Ojalá que todos los socialistas comprendieran que estas palabras son fatales para la realización del estado socialista con sus ingresos uniformes y la abolición de la propiedad privada, no solo durante nuestro tiempo, sino hasta o a menos que «la estructura orgánica haya sido completamente alterada». El progreso del hombre en el pasado ha sido constante, y ha avanzado desde la barbarie, pero largo es el camino y sinuosa la vía hacia el cambio completo de la estructura orgánica de las relaciones económicas y personales de la sociedad humana. Sin embargo, esto debe alcanzarse antes de que el socialismo como sistema pueda ser introducido. Es extraño que hombres como los que hemos citado —aptos para liderar a sus semejantes en los asaltos a los numerosos males de nuestro tiempo— desperdicien sus poderes en un sistema que admiten no puede ser adoptado hasta que se produzcan cambios orgánicos en la estructura de la sociedad humana.

Tenemos ante nosotros el trabajo de nuestro propio día y generación, y solo esto podemos impulsar durante nuestras vidas. A esto es a lo que debemos dedicarnos, dejando el trabajo del futuro lejano a nuestros sucesores. Raros son los hombres capaces de lidiar sabiamente con las necesidades de su propio tiempo. Incluso con ellos, su éxito a menudo no es sorprendentemente brillante. No hemos sido bendecidos con hombres capaces de legislar adecuadamente para las generaciones venideras. No existen y no pueden existir.

Mientras tanto, en vista de las opiniones contradictorias expresadas, seguramente se nos excuse por pedir a los socialistas una respuesta autorizada a la pregunta de si el socialismo implica salarios iguales o si el modo individualista actual de pago según el servicio prestado será retenido, o si se adoptará el sistema mitad y mitad del Sr. Wells.

El discípulo más devoto del socialismo debe darse cuenta de que esto constituye una de las dos diferencias vitales entre los sistemas individualista y socialista —la otra siendo el derecho a la propiedad privada— y que es fundamental, y radica en la raíz de todo el asunto. Sin salarios iguales, no es posible el socialismo; con salarios iguales, no es posible el individualismo;

salarios mitad iguales y mitad desiguales, confusión sin fin. Dejamos a los socialistas revolucionarios, evolucionistas y mitad y mitad estudiar el problema y decidir; hasta que no se resuelva, el socialismo sigue siendo una mera palabrería que no significa nada, ya que esto no es un mero incidente en su progreso, sino que está en el umbral y exige una resolución.

El ahorro

El sistema socialista, como veremos, no armoniza con nuestras actuales relaciones familiares y domésticas, las cuales muchos de nosotros apreciamos por su influencia sagrada y ennoblecedora sobre la vida humana, considerándolas como la más valiosa de todas las instituciones.

También encontramos que ataca o menosprecia una de las virtudes que, tal como creemos, está en la raíz del progreso de nuestra raza: la prudencia económica. La mayoría de los hombres y mujeres nacen en la pobreza. Comparativamente pocos están preparados o tienen la libertad de llevar vidas de comodidad. La gran mayoría debe trabajar para vivir. Afortunadamente para él mismo, con toda probabilidad, Keir Hardie no es la excepción. Si hubiera sido uno de los pocos nacidos en la suficiencia económica, tal vez nunca habría alcanzado eminencia a través del servicio a sus semejantes. En su folleto de la serie «El Ideal Laborista,» después de escribir que el Sermón del Monte está lleno del espíritu del puro socialismo, continúa: «Más aún, en su elevado desprecio por la prudencia económica y la previsión, va mucho más allá de cualquier cosa que cualquier comunista, antiguo o moderno, haya propuesto».

La prudencia económica no puede ser recomendada por el verdadero socialista, quien prohíbe el capital privado, pero la parábola del talento escondido en la tierra inculca el deber del hombre no solo de guardar su capital sino de aumentarlo, y se nos dice que «el que no provee para los suyos, y mayormente para los de su casa, ha negado la fe y es peor que un incrédulo».

La provisión adecuada ciertamente requiere un fondo de reserva para contingencias. Si dividiéramos al vasto ejército de trabajadores maduros en dos clases, los ahorradores y los derrochadores, prácticamente separaríamos a los creíbles de los desacreditados, a los ejemplares de los lamentables, a los progresistas de los conservadores, a los sobrios de los intemperantes. Una visita a sus respectivos hogares confirmaría esta clasificación. Los ahorradores no solo serían los mejores obreros y los más destacados en el taller, sino también los mejores ciudadanos y los mejores esposos y padres, los líderes y ejemplos para sus semejantes. Muchos son los que han ascendido desde las filas del trabajo manual y han logrado una reputación por trabajos útiles realizados para la comunidad, siendo ampliamente considerados como ciudadanos modelos. Mucho bien han hecho por sus semejantes. Que hayan sido hombres prudentes y reflexivos es evidente. No podrían haber ascendido de otra manera. Si los obreros depositantes en bancos de ahorro, miembros de sociedades de ayuda mutua y de construcción, tiendas cooperativas y organizaciones similares marcharan en procesión, precedidos por los obreros que no lo son, los espectadores se animarían nuevamente después de la depresión de ver a los primeros. Si los obreros que poseen sus hogares marcharan y los siguieran aquellos que no los tienen, el contraste en apariencia sería impactante.

Aplicando a las masas de hombres cualquiera de las pruebas que indican éxito o fracaso en la vida, progreso o estancamiento, ciudadanía valiosa o inútil, ninguna prueba separaría más claramente a los bien comportados, respetados y útiles de los miembros insatisfactorios de la sociedad que la de la prudencia económica.

El autor vivió sus primeros años entre obreros y sus años posteriores como empleador de trabajadores, y le resulta incomprensible cómo cualquier hombre informado, que tenga en el corazón la elevación de los hombres del trabajo manual, podría no otorgar al hábito de la prudencia económica el más alto valor, segundo solo al de la templanza, sin la cual ninguna carrera honorable es posible, ya que contra la intemperancia ninguna combinación de buenas cualidades puede prevalecer. La templanza y la prudencia económica son virtudes que actúan y reaccionan mutuamente, fortaleciendo ambas, y rara vez se encuentran por separado. El hogar puro, elevador y feliz con esposa e hijos es producto de ambas. Cuando no se ahorra una parte de los ingresos semanales, el hogar no está todo lo bien que podría desearse.

La tierra

La tierra figura prominentemente en las cuestiones políticas y sociales solo en las Islas Británicas. Se ha establecido en todas las otras regiones ocupadas por la raza de habla inglesa. No es una cuestión candente en América, Canadá, Australia o Nueva Zelanda, ni en la mayoría de los países europeos, donde la tierra está dividida principalmente en pequeñas porciones entre la gente.

En los Estados Unidos, en 1920, había 5,739,657 granjas y 10,381,765 adultos dedicados a las actividades agrícolas. Las granjas tenían un promedio de 146 acres. El rápido aumento de estas se puede ver en el hecho de que en 1850 solo había un millón y medio, y en 1880, solo cuatro millones de granjas. Así que el buen trabajo ha continuado, con un aumento promedio de 85,000 granjas adicionales por año en los últimos cincuenta años, y el fin aún no ha llegado. Por lo general, las granjas son cultivadas por los propietarios. Si los hogares felices son la corona de la civilización, aquí tenemos la Escritura cumplida. Millones de hombres «se sientan bajo su propia vid y su higuera, sin que nadie los atemorice». La tierra es libre para la venta o compra, y está ligeramente gravada. El mundo puede ser explorado en vano en busca de un número igualmente grande de hombres, mujeres y niños que residan bajo condiciones tan favorables. Hogar, dulce hogar es el lugar alrededor del cual giran sus más entrañables esperanzas, sus deseos más queridos y su mayor felicidad. Los pocos que alquilan temporalmente tienen el deseo y la razonable esperanza de pronto poseer sus casas, la compra más sabia que se puede hacer. Condiciones similares prevalecen en Canadá, Australia y Nueva Zelanda.

Francia tiene cinco millones y medio de propietarios campesinos; Alemania tiene más de seis millones, con una tenencia promedio de treinta acres. Es solo en el Reino Unido donde la cuestión de la tierra es aguda. Las actuales condiciones de tenencia de la tierra en los países mencionados prueban al pueblo de la vieja tierra lo que se puede hacer; pero el favorecido pueblo de los cuatro nuevos países mencionados tenía una pizarra limpia para comenzar —nada que borrar. Por lo tanto, no enseñan la lección necesaria a la madre patria que Dinamarca sí enseña. No hace mucho, ese maravilloso pequeño país estaba en manos de unos pocos propietarios, quienes la arrendaban en porciones a agricultores, cuya posición era similar a la de los agricultores en el Reino Unido hoy en día. Pero ahora es muy diferente. Ahora están en el mismo nivel que los propietarios de granjas en América y otras naciones de habla inglesa. La tierra que hace más de setenta años estaba en manos de unos pocos es ahora propiedad de no menos de 86,000 personas, y, en cuanto a 75,000 de las parcelas, la ley impide que se fusionen para formar granjas o haciendas más grandes. El área del país es de menos de diez millones de acres y la población es de dos millones y medio.

Las exportaciones de Dinamarca de mantequilla, huevos, queso, tocino, carne de res y cerdo solo a Gran Bretaña, en 1904, ascendieron a más de quince millones de libras esterlinas. ¡Una declaración asombrosa! Uno se pregunta qué están haciendo los agricultores británicos.

No fue necesaria una revolución para producir el cambio, ni tampoco la propiedad gubernamental. Todo se llevó a cabo de manera tranquila, paso a paso. El país se dividió en granjas de un tamaño determinado y se impuso un impuesto progresivo sobre la tierra. Para un hombre que cultivara una sola granja, el impuesto era pequeño. Si tenía otra, el impuesto sobre la segunda era mucho mayor, y así sucesivamente hasta que las adiciones se volvieron prohibitivas, con el objetivo de favorecer la propiedad de granjas por aquellos que las cultivaran. La producción de la tierra es ahora tres veces mayor que bajo el antiguo sistema de grandes propietarios, que aún existe en el Reino Unido. La magia que se decía que había en la propiedad realmente se encontró allí.

Siguiendo el ejemplo de Dinamarca, que no implica experimentos peligrosos ni disturbios violentos, la tierra del Reino Unido puede ser propiedad y trabajada por sus dueños, cada hombre con una superficie razonable, y así establecer muchos hogares felices y entrañables. Esto es bueno, pero no es todo, ni siquiera el mejor resultado. La política de Dinamarca ha creado un pueblo independiente, próspero, feliz y contento.

En lugar de un gran terrateniente mamut, el Estado, como proponen los socialistas, Gran Bretaña debería tener cientos de miles de pequeños propietarios, desarrollándose necesariamente en hombres de un tipo mucho más alto de lo que jamás podrían llegar a ser meros inquilinos o empleados. La magia de la propiedad obra maravillas, no solo sobre la tierra, sino también sobre el propietario trabajador y feliz de la misma. El tipo de hombres desarrollados en América en las granjas que poseen, en general, no tiene igual, según el escritor ha conocido grandes clases de hombres. Las mismas cualidades caracterizan a los trabajadores propietarios de tierras en Canadá, Australia, Nueva Zelanda y Dinamarca.

En estos países, la tierra es libre en todas partes, como lo es cualquier otra propiedad. Las leyes de primogenitura y asentamientos solo existen en Gran Bretaña. Ningún pueblo de habla inglesa en otros lugares las toleraría.

Tenemos un ejemplo impactante de desarrollo de tierras en marcha actualmente en América. Hace cuarenta años, había cuatro millones de esclavos propiedad de otras personas. No poseían nada y no podían poseer nada. Ni siquiera se poseían a sí mismos. No tenían derechos ni responsabilidades. Eran comprados y vendidos. En 1900, bajo las condiciones actuales, estos antiguos esclavos poseían, como propietarios, 173,352 granjas. Arrendaban y cultivaban, como agricultores, 762,000 granjas. Poseen propiedades de la iglesia valoradas en más de veinticinco millones de dólares. Grandes adiciones se han hecho a sus tierras desde 1900. Aquí tenemos una raza que en 1862 no podía poseer nada, ni siquiera a sí misma, ahora poseyendo y cultivando la tierra en pequeñas porciones, sin necesidad de pagar renta. No podían ni leer ni escribir, y ahora el porcentaje de analfabetismo ha caído del 83.5% en 1870 al 47.4% en 1900. Cuando tal progreso puede lograrse bajo libre comercio de tierras, seguramente deberíamos ser cuidadosos al cambiar las condiciones que producen estos frutos tan valiosos. La extensión de tierra poseída y cultivada por estas personas en pequeñas áreas proporciona el mayor de los contrastes con la del Reino Unido, la diferencia entre pequeños terratenientes cultivando su propia tierra y hombres que pagan renta a magnates territoriales cuyas tierras cultivan.

Más de once millones de personas trabajadoras, y sus hijos, asentados en la tierra en América como agricultores son la columna vertebral de la República—inteligentes, justos, amables, sobrios, respetuosos de la ley. Alguien que los conoce dudará mucho en alterar las condiciones que dan al Estado ciudadanos tan ejemplares.

Transferir la tierra, actualmente cultivada y principalmente propiedad de estas personas, a manos del Estado y degradar a los actuales propietarios trabajadores a siervos a sueldo de agentes estatales es impensable. Nuestros amigos socialistas necesitarían ejércitos más grandes que los que jamás se han reunido para coaccionarlos, y aun así fracasarían, porque hombres que luchan en defensa de sus hogares, en los que muchos de ellos y la mayoría de sus hijos nacieron, tendrían su querella justa. Ninguna oferta por parte del Estado para garantizar su residencia continua sin ser perturbados sería aceptada. Nunca aceptarían ninguna restricción a su derecho de hacer lo que quisieran con sus propios hogares. Lo mismo ocurre con los canadienses y los australianos.

En todos los países de habla inglesa, aparte de Gran Bretaña, los patrimonios generalmente se dividen de forma equitativa entre los hijos; pero la granja usualmente se asigna al miembro mejor capacitado para trabajarla, y los demás miembros toman otras partes del patrimonio o hipotecas sobre la granja.

La propuesta de una tributación exclusiva sobre la tierra, sugerida por Henry George, fue condenada por la gente de Canadá y América tan enérgicamente como lo sería una proposición para convertir a América en una monarquía o a Canadá en una colonia sin autogobierno. En ambas tierras, los agricultores tienen el poder. Que el más elocuente socialista intente convencer a estos propietarios de la tierra, verdaderos agricultores-propietarios, de que no son parte, y la mejor parte, de la sociedad más altamente desarrollada y más deseable conocida por el hombre, y tendrá un rudo despertar. Para ellos no hay socialismo.

Mucho se puede decir en contra del sistema de terratenientes británico. Tiene poco que lo recomiende. Es una supervivencia del pasado, pero que los socialistas no imaginen que el recurso a la propiedad estatal es el sustituto adecuado. Que sigan el ejemplo de Dinamarca y, mediante la creación de agricultores-propietarios, cada uno con una granja, otorguen a Gran Bretaña una de las mayores bendiciones: un pueblo propietario y cultivador de la tierra, en lugar de unos pocos terratenientes que ni trabajan ni hilan. Aquí yace ante Gran Bretaña una tarea fácil de llevar a cabo. No es un experimento; tampoco es revolucionario. Nuestra propia raza en otras tierras y el pueblo de Dinamarca han demostrado el valor de las pequeñas granjas, propiedad y cultivadas por sus dueños. Uno lee con asombro que:

«Las tierras cultivadas del Reino Unido (incluyendo parques y pastos permanentes, pero no montañas o tierras baldías) sumaban en 1880 a 47,515,747 acres. El total de acres es 77,635,301 acres. Según el Libro de Domesday de 1875, parecía que una cuarta parte del total de acres (excluyendo parcelas de menos de 1 acre) es poseída por 1,200 propietarios, con un promedio para cada uno de 16,200 acres; otra cuarta parte por 6,200 personas, con un promedio de 3,150 acres; otra cuarta parte es poseída por 50,770 personas, con un promedio de 380 acres cada una; y la cuarta parte restante por 261,830 personas, con un promedio de 70 acres cada una. Los pares, en número alrededor de 600, poseen un poco más de una quinta parte de toda la tierra en el reino. Así, la mitad de todo el territorio está en manos de solo 7,400 individuos; la otra mitad está dividida entre 312,500 individuos».

En Escocia, el contraste es aún mayor. Doce personas en 1876 poseían más de una cuarta parte de Escocia; setenta poseían la mitad. Nueve décimas partes de Escocia estaban en manos de menos de 1,700 personas.

En cuanto a la cuestión vital de los salarios igualitarios o desiguales, los socialistas están divididos, y también lo están en la igualmente importante cuestión de la confiscación o el pago por la tierra que, según su teoría, la nación debería adquirir.

Sidney Webb testificó ante la Comisión Real sobre el Trabajo en 1892, afirmando que incluso si la tasa impositiva aumentara a 20 chelines por libra, no se alarmaría. Cuando se le preguntó si esto resultaría en eliminar a los propietarios de la existencia, afirmó que así sería.

El Presidente de la Unión para la Restauración de Tierras Escocesas testificó ante la Comisión Real sobre la Tributación Local en 1898, defendiendo un aumento en el impuesto sobre el valor de la tierra. Cuando se le preguntó sobre el objetivo final, confirmó que debería llegar a 20 chelines por libra, efectivamente tomando todo el valor.

Bailie Ferguson, hablando ante la misma comisión, afirmó que solo una tasa impositiva de 20 chelines por libra resolvería completamente el problema de la tributación de la tierra. Creía que esto era necesario para un arreglo completo.

El Sr. Jowett, M.P., dice que «los socialistas reconocen la conveniencia en todos los casos, y la justicia en algunos casos, de pagar por la tierra en lugar de confiscarla».

La verdad es que los líderes socialistas no han dudado en proponer los cambios más drásticos, que equivalen a una revolución de las condiciones existentes, sin haber considerado primero cómo se lograrían estos cambios. Difieren en cuanto a los salarios igualitarios o desiguales, una cuestión fundamental; y en cuanto al pago o la confiscación de la tierra — compra o robo — otra cuestión fundamental. Estas dos preguntas determinan qué es el socialismo o qué no es. Son los pilares del edificio socialista y aún no se ha llegado a un acuerdo sobre ellas. Sin embargo, hay unanimidad en un punto. De una forma u otra, la tierra debe ser nacionalizada. En esto, todos están de acuerdo.

Lord Wolverhampton ha aportado recientemente claridad sobre este tema de pago o confiscación de la tierra contando una historia de Gladstone. El ciudadano más prominente del mundo, al ser preguntado sobre el socialismo, respondió que tenía que enfrentar esta pregunta: «¿Proponía comprar la tierra o tomarla? Si lo primero, era una tontería; si lo segundo, era un robo».

Supongamos, por el momento, que la demanda de confiscación hecha por la sección radical del partido socialista será rechazada por los moderados. La pregunta entonces surge: ¿Cómo se pagará por la tierra? La gran mayoría de ella ha sido adquirida bajo la ley tal como existía en su momento, y como existe hoy. Los territorios ganados por la fuerza en épocas pasadas, en su mayoría, están ahora en manos de compradores inocentes. Se ha pagado por ellos. Ahora, si hay un principio de comercio honrado firmemente arraigado en la conciencia de los hombres civilizados, es que el título de compra es válido. El poseedor debe ser pagado un precio justo por lo que la ley ha declarado que es suyo. Puede ser despojado de su propiedad, por supuesto, pero un avance hacia un cielo en la tierra fundado en el robo infaliblemente sería un paso en la otra dirección: hacia atrás, no hacia adelante; hacia abajo, no hacia arriba. El hombre civilizado ya ha avanzado bajo las condiciones actuales más allá de la idea del robo. Su defensa lo escandalizaría, y todo el movimiento socialista sería descartado no solo como visionario, sino como confiscatorio, una propuesta para robar al vecino. Si está claro que la propiedad debe ser comprada, es igualmente claro que la honradez obliga al Estado a pagar un valor justo por ella. Como el Estado solo podría ser el comprador, debe actuar con justicia en la adquisición forzosa. ¿A quién irá el pago, a quién puede ir, excepto a los dueños de la propiedad tomada?

¡Ah, ahí está el problema! ¿Qué ocurre con el estado socialista en ese caso? ¿Dónde está la igualdad sobre la cual se debería fundar tal Estado? Imposible, porque seguiríamos teniendo ricos y pobres, y la división actual en clases se reviviría, ya que es la riqueza, no el nacimiento, lo que en nuestros días crea distinciones de clase. Las reclamaciones de nacimiento en nuestra raza solo sobreviven en el Reino Unido; serían ridiculizadas en otros lugares si se presentaran.

No es solo la tierra lo que el Estado tiene que comprar. Las fábricas y acerías, los astilleros, los ferrocarriles, todos los medios de producción y distribución también deben ser adquiridos y pagados. Decir que toda la propiedad productiva podría ser alquilada y pagada con las ganancias no afecta la cuestión. Las rentas irían a los propietarios, y ellos seguirían siendo ricos. ¿Qué poder justo podría obligarlos a dejar sus actuales hogares y modos de vida, entregar sus rentas al Estado y convertirse en socialistas? El pago hecho por su propiedad se convertiría en una burla si no se les permitiera gastar lo que es suyo. No obstante, a menos que el pago hecho a los dueños con una mano sea tomado de inmediato por la otra, no sería posible el socialismo, ya que debe basarse, no en el capital de unos pocos, sino en la riqueza en común, propiedad no del individuo, sino del Estado. Además, como se citó antes en el caso de los salarios desiguales, «el ideal al que se debe aspirar finalmente debe ser una aproximación a la igualdad de ingresos, de lo contrario, las formaciones de clases deben tener lugar y los viejos problemas incidentales a la desigualdad económica reaparecen».

Si los socialistas se alejan de la idea de tomar la tierra de los propietarios privados sin pagar por ella, ¿cómo se hará el pago? No se podría recaudar dinero en efectivo. Evidentemente, solo hay un modo. El Estado debería emitir Consols, que son bonos del gobierno sin fecha de vencimiento fija.

Imaginemos que se emiten dieciséis mil millones de libras esterlinas o más para la compra de tierras y mejoras agrícolas; y para minas, maquinaria, etc., digamos que se emite la mitad de esa cantidad adicionalmente, sumando un total de tres veces el monto de la Deuda Nacional.

¿A qué precio llegarían los Consols, ya mucho por debajo de la paridad, bajo tal emisión? Que el socialista entusiasta pregunte a un banquero y aprenda lo que sucedería. ¿Qué receptor de Consols se sentiría seguro, teniendo el bono de un gobierno que forzó la venta obligatoria y le arrebató su hogar, el lugar más querido en la tierra para él?

¿Quién desearía vivir bajo tal gobierno, o en tal tierra? Pocos, en verdad, de aquellos más deseables de retener. Canadá y América serían demasiado atractivas, y los despojados seguirían a los Peregrinos, sus antepasados, que dejaron su antiguo hogar y se establecieron en el nuevo, donde los hombres tenían derechos y libertades que entonces se les negaban en su tierra natal, y la propiedad privada era inviolable.

Después de resolver el problema de la tierra mediante la compra, con la libertad de gastar los ingresos como deseen los antiguos propietarios, o a través de la confiscación bajo compulsión de uniformidad de vida, hay otro paso, como se mencionó, que el socialismo debe superar, o de lo contrario caerá. Hasta que los funcionarios, superintendentes, capataces y mecánicos calificados estén dispuestos a aceptar la recompensa ganada por los barrenderos de las fábricas, no puede haber éxito para el socialismo, porque está obligado a basarse en ese fundamento. El momento en que se abandone «la igualdad de pago» y se forme una comisión para establecer y hacer cumplir la «desigualdad de pago», el fantasma desaparecerá. Estamos de vuelta a nuestro sistema actual con todas sus desigualdades. Ingresos desiguales significan desembolsos desiguales, por lo que surgen desigualdades; o como lo pondríamos los individualistas, una variedad saludable necesaria para la mejora del hombre en su marcha hacia la perfección.

El grito del socialista de hoy en Gran Bretaña no debería ser contra la propiedad privada de la tierra, sino contra el hecho de que hay tan pocos propietarios privados. Distribuir la tierra aboliendo la primogenitura y los asentamientos, y mediante una tributación progresiva, es sin duda el próximo paso práctico. Siendo tan evidentemente la solución al problema insatisfactorio actual, parecería que la legislación necesaria no podría ser negada por mucho tiempo.

Cuando los intereses de las masas del pueblo requieren un cambio en la tenencia de la tierra, los pocos propietarios pueden ser justamente requeridos a renunciar a sus preferencias o a someterse a un aumento de impuestos si deciden disfrutar de privilegios perjudiciales para la comunidad en su conjunto.

En todos los demás países de habla inglesa, la gente trabaja la tierra; en Gran Bretaña, los terratenientes trabajan a la gente.

El autor no puede sino creer que, si en el Reino Unido se estableciera a su gente en la tierra como propietarios y cultivadores, como en otras partes del imperio y en América, la nacionalización nunca se consideraría.

Individualismo versus socialismo

La rapidez con la que los socialistas colocan sus etiquetas sobre los productos del individualismo es sorprendente, dado que muchas de las medidas que se consideran socialistas han estado en funcionamiento durante mucho tiempo en tierras de habla inglesa.

El Sr. Snowden, por ejemplo, presenta lo que él considera ideas socialistas sobre el sistema de impuestos.

1. Tanto la imposición fiscal local como la nacional debe apuntar, principalmente, a asegurar para el beneficio comunal todo incremento de riqueza «no ganado» o «social».

2. Los impuestos deben tener la intención deliberada de impedir la retención de grandes ingresos y grandes fortunas en manos privadas, reconociendo que pocos no pueden ser ricos sin hacer que muchos sean pobres.

3. La carga tributaria debe ser proporcional a la capacidad de pago y a la protección y beneficio conferido por el Estado.

4. No debe imponerse ninguna carga tributaria que limite los medios del individuo para satisfacer sus necesidades físicas.

Está completamente en su derecho en el Punto Uno. Nadie salvo un socialista soñaría con impuestos cuyo objetivo fuese asegurarse todo incremento de riqueza 'no ganado' o 'social' para el comunismo.

En cuanto al Punto Dos: La imposición fiscal progresiva en Gran Bretaña es un intento de igualar la distribución injusta actual de la riqueza, y ya está en funcionamiento en los derechos de sucesión y en la diferencia en el impuesto sobre la renta entre las rentas ganadas y no ganadas, ambas obras del individualismo. Las enérgicas y repetidas recomendaciones de esta política por parte del presidente Roosevelt pronto darán frutos en Estados Unidos. Él y sus asesores de confianza son profundamente individualistas.

El Punto Tres es simplemente la doctrina de Adam Smith en otras palabras. La no imposición de alimentos importados por Gran Bretaña bajo el individualismo, hasta donde ha llegado, está de acuerdo con ello.

El Punto Cuatro es otra aplicación de la doctrina de Adam Smith. Hasta que se hayan proporcionado las necesidades físicas del individuo y la familia, no hay «capacidad» para pagar impuestos.

Así, tres de estas ideas son producto del individualismo y deberían llevar su «sello distintivo», no la etiqueta socialista.

El Sr. Jowett pone la etiqueta socialista sobre la «calificación adecuada de los valores del suelo», como si esto no prevaleciera bajo el individualismo en toda nuestra raza de habla inglesa, excepto en el antiguo hogar.

El Sr. MacDonald, considerado el más filosófico de los escritores socialistas actuales, mientras se deleita con sueños de un futuro lejano, naturalmente restringe la acción en nuestro día a medidas prácticas. Solo debe haber «un reajuste constante de las relaciones existentes hasta que la estructura orgánica haya sido completamente cambiada». Plantea como maduras para la acción los siete puntos del programa del Partido Laborista Independiente, que dice ser con mucho el cuerpo socialista más representativo en Gran Bretaña, etiquetando así todos estos puntos como socialistas.

El primero de ellos es la «jornada de ocho horas». Uno naturalmente se pregunta bajo qué sistema se han reducido las horas de trabajo de doce y más a diez horas o menos. Mucho antes de que el socialismo atrajera al público, la reducción de las horas excesivas de trabajo era una preocupación de los hombres progresistas bajo el sistema individualista en todos los países de habla inglesa. Si estas horas pueden reducirse aún más inteligentemente, está bajo consideración. Poner la etiqueta socialista sobre la política de la reducción de horas de trabajo es «un robo descarado como nunca antes se ha visto».

En segundo lugar, viene «una Ley de Desempleo viable». Marquemos el adjetivo. El Parlamento inglés dedicó el año pasado su atención a esta misma cuestión. Es una tarea difícil de abordar sin causar más perjuicio que bien: cuando, o si, se produce una ley viable, los partidos tomarán entonces su posición.

Tercero, «Pensiones de Vejez». El Sr. MacDonald está aquí un día atrasado en la feria. Estas ya se han establecido en Gran Bretaña antes de que esto aparezca impreso, siendo favorables a ellas ambos partidos políticos. El socialismo tendrá poco derecho a señalar las «Pensiones de Vejez» como su producto. Por el contrario, son el producto de los mejores elementos de ambos partidos políticos no socialistas.

El número cuatro es la «abolición de la imposición indirecta (y la transferencia gradual de todas las cargas públicas a los ingresos no ganados)». Aquí debemos leer las palabras entre paréntesis a la luz de la filosofía del Sr. MacDonald. Esta es una consumación que no se puede alcanzar «hasta que la estructura orgánica haya sido completamente cambiada». En cuanto a la doctrina de disminuir la imposición indirecta, ha estado en práctica desde que la derogación de las Leyes del Maíz dio alimento libre a la gente. Es una política sabia. En América no hay derechos de importancia, excepto aquellos que afectan a los ricos, quienes son los únicos que utilizan artículos importados; una excepción es el impuesto protector recientemente impuesto sobre el azúcar para probar la capacidad del país para producir su propio suministro.

El número cinco es una serie de leyes de tierras (destinadas a la nacionalización final de la tierra). Véase la nota al número cuatro respecto a las palabras entre paréntesis. Gran Bretaña necesita una serie de leyes de tierras para llevarla a donde se encuentran todas las demás tierras de habla inglesa. Ninguna tiene primogenitura ni asentamientos. Todas valoran sitios a precios de mercado. La tierra es libre en todas partes excepto en Gran Bretaña, y esto ha sido así durante mucho tiempo bajo el individualismo. El socialismo no tiene derecho a la etiqueta de Tierras Libres, salvo que se aplique a Gran Bretaña, y, aun así, un gran número de no socialistas han impulsado esta política desde hace mucho tiempo.

Sexto, «Nacionalización de ferrocarriles y minas». En lo que respecta a los ferrocarriles, el individualismo ha precedido al socialismo en este ámbito. Muchos países poseen sus ferrocarriles. La India bajo control británico lo hace, al igual que algunas de las colonias. También Austria, Francia, Alemania, Suiza, etc. Las minas son propiedades precarias y deben ser arrendadas mediante regalías cuando son de propiedad estatal. En algunos casos esto ya se hace.

Séptimo, «Reformas políticas democráticas». Esto es tan indefinido que no se puede decir nada al respecto. Las reformas están en suposición hasta ahora, y deben ser juzgadas en sus méritos cuando se anuncien de vez en cuando. En todas las tierras de habla inglesa bajo el individualismo, las reformas democráticas han sido desde hace tiempo el orden del día, nunca más que ahora.

El Sr. Hardie afirma que hay un acuerdo perfecto entre los socialistas en dos puntos principales, siendo el primero «la hostilidad al militarismo en todas sus formas y a la guerra como método de resolver disputas entre naciones».

Aquellos de nosotros que hemos heredado esta doctrina de Individualismo y la hemos proclamado toda nuestra vida nos alegramos de que cualquier grupo de hombres esté de acuerdo con nosotros, pero los integrantes de las Sociedades de Paz y Arbitraje en todas las tierras de habla inglesa que hemos defendido la doctrina protestamos respetuosamente contra el uso por parte de los Socialistas de una etiqueta a la que los hombres individualistas de paz tienen un derecho prioritario. La oposición a la guerra y el apoyo al arbitraje se han desarrollado bajo las condiciones actuales, se fortalecen rápidamente en estos días y pronto triunfarán. Una gran victoria se ve en Chile y Argentina, que dejaron de hacer la guerra y acordaron resolver pacíficamente las fronteras disputadas; lo hicieron y ambos resultaron vencedores. Ahora, se encuentra en el pico más alto de su línea fronteriza una estatua de Cristo como Príncipe de la Paz, fundida de sus cañones desechados. El pedestal lleva esta inscripción: «Antes se desmoronarán estas montañas a polvo que los chilenos y argentinos rompan la paz, que a los pies de Cristo Redentor han jurado mantener». El socialismo no tiene lugar en estas tierras. No pasa una semana sin que se firmen uno o más tratados de arbitraje entre naciones. El año pasado, todas las naciones se reunieron por primera vez en la Conferencia de Paz de La Haya y votaron a favor del arbitraje obligatorio con solo ocho disidentes, y éstas declararon que harían tratados separados con naciones seleccionadas. Algunos de esos ya se han hecho y otros están ahora bajo consideración. Todo este progreso en el camino de la paz entre las naciones se ha hecho bajo nuestro sistema actual, y el socialismo como tal no tiene derecho exclusivo a poner su etiqueta sobre los triunfos del arbitraje pacífico. Miembros de todos los partidos han cooperado en esto, el deber más urgente de nuestro tiempo: la expulsión del mundo civilizado del crimen de crímenes, la matanza de hombres por hombres en batalla como bestias salvajes, como un modo de resolver disputas internacionales. Como vemos, hay mucho que los socialistas evolucionistas abogan y dicen ser socialista, lo cual nosotros, los progresistas, hemos acogido durante mucho tiempo. La municipalización de ciertos servicios públicos es, sin duda, un paso en la dirección correcta, pero esto ya se había hecho bajo nuestro sistema actual antes de que se hablara mucho del socialismo. Se ha demostrado que las ciudades pueden, en algunos casos, poseer, en otros casos operar y en otros arrendar por períodos, sus servicios públicos — agua, obras de gas y electricidad, tranvías, etc. — y que pueden comprar y mejorar tierras de manera ventajosa en ciertos distritos; y podrían hacer mucho más en ese sentido en Gran Bretaña si las leyes fueran como las de América y otras naciones de habla inglesa.

Tenemos, quizá, uno de los mejores ejemplos de esta benéfica política en la ciudad de Nueva York, que ahora cuenta con más de cuatro millones de habitantes. Nunca se desprendió de sus derechos ribereños y posee este alrededor de la isla, dándole más de veinte millas de frente de agua. Hace algunos años, comenzó a construir muelles, emitiendo bonos para ello, con un fondo de amortización para su redención.

Los alquileres obtenidos de los muelles cubren el interés y el fondo de amortización y dejan un beneficio tan grande que se estima que la ciudad poseerá la gigantesca propiedad sin costo alguno antes de que los bonos venzan. La ciudad está contratando para la construcción de subterráneos de tránsito rápido, con los contratistas de construcción y operación acordando pagar el interés y el fondo de amortización, y entregar los subterráneos a la ciudad sin costo alguno al cabo de cincuenta años.

De aquí en adelante, la ciudad de Nueva York solo concederá franquicias por períodos determinados. Está convirtiéndose en la política general de las ciudades en América evitar dar arrendamientos perpetuos. La municipalización hasta este punto está ganando terreno de manera constante. El suministro de agua es otro ejemplo. La previsión de Nueva York ha asegurado, a un costo relativamente bajo porque se hizo a tiempo, cien galones por persona diariamente para ocho millones de personas.

La ciudad posee todo este suministro, proporcionando un gran contraste con Londres. También aseguró hace años, a bajo costo, siete mil acres de tierra admirablemente adaptados para parques urbanos, que ahora están siendo rápidamente utilizados a medida que la población se expande a su alrededor.

El movimiento cooperativo, mayorista y minorista, en el cual la manufactura comienza a hacer su aparición, es otro desarrollo al que con frecuencia se le pone la etiqueta socialista, pero la cooperación fue adoptada hace muchos años. Los miembros así obtienen control, en cierta medida, en una rama, de los medios de producción y distribución. En este campo hay un progreso deseable, pero observamos en todo lo que se ha hecho hasta ahora en esta dirección la bifurcación de caminos entre el Individualismo y el Socialismo. El último tiene como objetivo un Estado en el que «cada hombre rinde servicio según su capacidad y recibe según sus necesidades». Las necesidades de los hombres en su mayoría son comunes. Entre cien hombres arrojados en una isla, se encontraría poca diferencia. Todos podrían ser tratados por igual. Esto sería puro Socialismo; pero en la construcción de tranvías municipales, obras de gas y agua, y en la gestión de sociedades cooperativas, la compensación pagada no tiene referencia a las necesidades comunes. Se paga de acuerdo al valor del servicio prestado, la esencia del Individualismo. El superintendente de la fábrica, el comerciante encargado de la tienda cooperativa, los empleados a lo largo de toda la lista, son pagados exactamente sobre la misma base que en todas las agencias privadas de producción. Aquí no hay rastro de Socialismo. En este vasto campo de progreso, todo sigue siendo Individualista.

El Socialismo versus el Individualismo es la carrera entre la liebre y la tortuga una vez más. El Individualismo — la tortuga — ha encontrado y seguido el camino sobre el cual ha hecho y está haciendo un progreso constante hacia arriba. Nunca ha tenido la tortuga que detenerse mucho tiempo en su ascenso, sino que, siempre poniendo cuidadosamente sus extremidades, intuitivamente, la criatura que se mueve constantemente encuentra y pisa el camino hacia adelante y hacia arriba, moviéndose ni a la derecha ni a la izquierda hasta estar segura de que está en el camino correcto, y luego empujando hacia adelante de manera constante.

La liebre aún no ha comenzado. Permanece en el mismo lugar de hace años, dando vueltas en círculo. Sabe dónde quiere llegar, nos lo dice claramente, pero no cómo, cuándo ni dónde empezará. Sin embargo, ha resuelto un punto: no recorrerá el camino de la tortuga del individualismo ni ningún otro camino que no sea el que nuestros antepasados prehistóricos recorrieron hace miles de años, el cual sus descendientes abandonaron después de años de prueba y fracaso.

La liebre traviesa de hoy insiste en reabrir este camino abandonado y sigue rascando la tierra y levantando polvo como si se estuviera preparando para empezar, pero no se puede decir si lo hará en nuestra generación. Mientras tanto, la tortuga, como vemos, continúa moviéndose incansablemente hacia arriba, hacia algo mejor que lo que ha sido, y lo que está por venir será mejor que lo que es. Los amantes del progreso no pueden hacer más que saludar su ascenso como un camino hacia la luz.

Sería realmente tonto por parte de los trabajadores retrasar el avance hasta que la liebre haya dado alguna evidencia de su capacidad, al menos, para comenzar, y demostrar mediante experimentos que puede superar y distanciar a su rival. El presidente Lincoln, cuando se le preguntó a dónde se dirigía el general Sherman con su ejército en la marcha a través de Georgia, respondió: «Sé dónde entró, pero no creo que el propio general sepa dónde va a salir». El socialismo está en esa posición.

Que el socialista produzca una empresa gestionada según los principios socialistas proclamados: «Poner fin para siempre al sistema salarial, eliminar todas las distinciones de clase», «La completa emancipación del trabajo de la dominación del capitalismo y la propiedad terrateniente, con el establecimiento de la igualdad social y económica entre los sexos». En la medida en que se han intentado experimentos con estas doctrinas, como nos informa Hepworth Dixon, han fracasado.

Ha habido algunos intentos de vivir juntos por pequeños grupos de edad madura, buscando un retiro de la vida activa. Estas aventuras se encuentran en los remansos fuera de la corriente apresurada de la existencia humana, sus miembros tratando de contentarse con el presente, mientras que la parte que los hombres activos deben desempeñar en la tierra es mejorar las condiciones en todas direcciones, haciendo nuevos descubrimientos, inventando nuevas máquinas y procesos, y extendiendo los límites del conocimiento. Esta es la tarea de la vida del hombre en la tierra, un desarrollo hacia un día más perfecto: nada está terminado aún, pero todo sigue mejorando gracias a sus esfuerzos enérgicos.

«Descansa y da gracias» es para otra existencia. Hasta que los socialistas puedan señalar comunidades exitosas basadas en sus principios que cumplan esta misión de progreso, la cuestión del socialismo no está al alcance de la consideración: todo es mera especulación, vanas imaginaciones de un supuesto paraíso en la tierra, tan ilusorio como otros sueños.

Todo lo que es deseable e incluso posible mientras el hombre exista hoy se está logrando, demasiado lentamente, estamos de acuerdo, muchísimo demasiado lentamente, pero en no poca medida realizado de generación en generación bajo el sistema actual, que siempre ha sido y está siendo ahora y siempre debe ser modificado y mejorado de manera constante a medida que el hombre avanza de manera correspondiente y él mismo se modifica y mejora, pero no de otro modo. El hombre y sus condiciones deben marchar juntos, actuando y reaccionando mutuamente, para que la mejora se produzca. Esta es la ley de su ser.

Al considerar la sabiduría de cambiar de nuestro actual sistema individualista al propuesto sistema socialista, nuestra primera indagación debería ser: ¿Cuál ha sido el resultado del primero? ¿Ha retrocedido y deteriorado la raza humana, o ha avanzado y mejorado? Si ha sido lo primero, deberíamos dar la bienvenida a un cambio prometedor y probarlo tentativamente a una escala moderada. Si ha sido lo segundo, el sentido común nos indica que debemos rechazar hacer cualquier cambio revolucionario y continuar en el camino que hemos marchado, y seguimos marchando constantemente hacia arriba, siempre empujando fuerte para que el paso pueda ser acelerado.

Encontramos que, desde el amanecer de la historia hasta ahora, el hombre, superando interrupciones temporales, se ha desarrollado de manera constante, haciendo grandes progresos en todos los campos. Si contrastamos su condición en varios períodos del pasado con el presente, tenemos un registro ininterrumpido de mejora, moral, intelectual y física. La mortalidad infantil es mucho menor, la tasa de mortandad ha disminuido, el promedio de vida se ha alargado.

Las pestilencias que arrasaban a nuestros antecesores hoy son desconocidas. Muchas enfermedades que antes eran incontrolables ahora están dominadas. Los hogares de la gente han mejorado, y los pobres ahora están cuidados. La alimentación y la vestimenta de la población son mejores, las horas de trabajo son menores, y los salarios mucho más altos.

La educación gratuita no deja ningún niño en la ignorancia; el analfabetismo es casi desconocido. Carlyle solo se atrevía a imaginar un futuro en el que cada población considerable tuviera una colección de libros; ahora tienen bibliotecas públicas gratuitas. Incluso las prisiones han mejorado. Las sentencias por delitos se han aligerado.

El hombre se ha vuelto más respetuoso de la ley y mejor comportado. Hay menos intemperancia y el crimen es menos frecuente. En cada dominio, las comodidades de la vida han aumentado y sus miserias se han mitigado. Las masas del pueblo están mejor alojadas, mejor alimentadas, mejor vestidas, mejor educadas y mejor remuneradas que nunca antes, y las sumas en los bancos de ahorro nunca habían sido tan grandes.

En el campo del trabajo, el hombre ha ascendido desde la servidumbre y controla su trabajo como un igual con su empleador, y en nuestros días está comenzando a ascender de trabajador a socio. Los sindicatos, las cooperativas, las sociedades amigables y los fondos de pensiones se han desarrollado.

En todas las tierras de habla inglesa, prevalece el gobierno del pueblo; solo en Gran Bretaña se permite que los privilegios hereditarios existan y obstruyan su gobierno. Cada cargo público está abierto al mérito. El poder ahora está en manos de las masas dondequiera que se hable inglés. Nunca han hecho las masas tantos progresos rápidos y sustanciales como en los últimos años, y nunca han tenido a su alcance en Gran Bretaña tantas mejoras legales de gran alcance, que, cuando se adopten, asegurarán a las masas las ventajas ya poseídas por su propia raza en otras tierras de habla inglesa.

Las diversas secciones de hombres progresistas solo tienen que unirse en el esfuerzo de liberar al viejo hogar de todo en sus leyes que lo mantienen en contraste con Canadá, Australasia y América como gobiernos del pueblo, para el pueblo y por el pueblo.

Bajo tales condiciones alentadoras aparece el socialista, distrayendo a las masas e insistiendo en descartar el sistema bajo el cual se ha realizado esta marcha triunfal, el único sistema en toda la larga historia del mundo bajo el cual el hombre ha avanzado significativamente. Que la estructura orgánica pueda ser completamente alterada en nuestros días, incluso si lo deseamos, es imposible. Que el esquema socialista propuesto pueda ser establecido también es igualmente imposible, porque primero requiere un cambio en la naturaleza humana, un cambio tan grande como el involucrado en la evolución del simio en salvaje, del salvaje en hombre civilizado.

Por lo tanto, no es el éxito de la campaña de «presto, cambio» lo que se debe temer, ni siquiera el intento de establecer el estado socialista, porque ninguno de los dos es posible mientras la naturaleza humana sea lo que es.

Esperamos que la advertencia del Sr. Ramsay MacDonald, citada anteriormente, cale profundamente en las mentes de los hombres sinceros, comprensivos y capaces que merecidamente gozan de la confianza de las masas y son contados entre sus líderes, pero que en la coyuntura actual están dedicando su tiempo y atención al sistema socialista, el cual no puede ser establecido excepto mediante un «ajuste constante de las relaciones existentes hasta que la estructura orgánica haya sido completamente alterada». Lograr este cambio sería el trabajo de siglos.

El socialista debería reflexionar que fue bajo una ley inmutable decretada que se evoluciona a partir de la masa incandescente de materia, la tierra hermosa con todos sus encantos; de la bestia, el organismo superior — el hombre con poderes divinos; y que el hombre no debería comer el pan de la ociosidad, sino trabajar desde la mañana hasta la noche en la noble tarea de hacer un pequeño rincón de la tierra, un pequeño círculo de sus semejantes, un poco mejor de lo que lo encontró — una alta misión — ni demasiado grande, ni demasiado pequeña para perder el privilegio o descuidar el deber. El hombre lo hace bajo su propio riesgo, ya sea campesino o rey.

Mientras el hombre en la tierra pueda ayudar, aunque sea en el menor grado, al progreso de su raza, debería regocijarse. Cuánta fama o fortuna acumule, o cuánta poca, no importa, siempre que contribuya con su trabajo y ejemplo al bien general. Este es el verdadero fin, y debería ser el objetivo, de la vida.

¿Por qué un hombre que desea beneficiar a sus semejantes descuidaría el trabajo de su propio tiempo que es su deber realizar, y desperdiciaría sus habilidades en ideas puramente especulativas que podría o no ser el deber de futuras generaciones de hombres adoptar? Nuestro deber de hoy es con los problemas de hoy. No tenemos nada que ver con los del futuro distante. No podemos legislar sabiamente para la posteridad. Es realmente triste ver a hombres capaces y buenos, que podrían ayudar a mejorar el presente, desperdiciando sus talentos en un nuevo sistema para un futuro distante, del cual no pueden saber nada.

Es en este mundo donde están todos nuestros deberes, y solo nuestra propia generación podemos saber cómo servir. Por lo tanto, en ella deberían concentrarse nuestros pensamientos y esfuerzos. Es una grave pérdida de tiempo preocuparnos por un sistema que sabemos no puede ser introducido hasta que las relaciones orgánicas de la sociedad humana sean alteradas. Solo a los hombres de hoy les corresponde el trabajo de hoy.

No tanto «El Cielo nuestro Hogar» como lema, sino «El Hogar nuestro Cielo». Franklin tenía razón cuando proclamó que «La más alta adoración a Dios es el servicio al hombre». No se nos ha dado el poder de servir al Desconocido, excepto sirviendo a Sus criaturas que están aquí con nosotros en nuestro propio tiempo y generación.

No ha nacido el hombre que pueda legislar sabiamente para un futuro que no se le ha revelado y del cual, por lo tanto, no puede saber nada.

A cada día le basta su propio mal. Debemos esforzarnos por abolir o mitigar los males de nuestro tiempo, dejando el futuro a nuestros sucesores.

Variedad versus uniformidad

El socialista necesita revolucionar la naturaleza humana antes de poder siquiera probar sus teorías, porque la naturaleza aborrece tanto el vacío como la uniformidad. No hay dos briznas de hierba iguales, y cuanto más alto subimos en la escala de la creación, mayores son las variaciones: no hay dos peces ni dos animales idénticos. Huber nos dice que era capaz de distinguir a las hormigas individuales en el hormiguero, tan diferentes eran unas de otras. Cuando se considera a la humanidad, no hay dos niños que no muestren amplias diferencias, siendo los más inteligentes los más individualistas. No hay dos familias iguales, y si todas fueran colocadas en condiciones similares, con casas y terrenos iguales, e ingresos igualados, al día siguiente comenzarían a aparecer diferencias que se incrementarían con el tiempo. Los hijos de padres hábiles y prudentes se diferenciarían de aquellos cuyos progenitores fueran menos capaces. Ninguna ley del Estado podría impedir esto. La uniformidad hoy se convertiría inevitablemente en variación mañana. Antes de que el socialismo pueda introducir la uniformidad de vida, los hombres deben nacer duplicados unos de otros; sin embargo, en ninguna de las producciones de la naturaleza la diversidad es tan grande, porque el hombre es el más alto y complejo de todos.

No podemos hacer a los hombres igualmente cómodos mediante ingresos iguales más de lo que podemos hacerlos iguales en fortuna distribuyendo la riqueza del país entre ellos. Una semana después de tal distribución, habría miles sin dinero y mendigando su pan, su último estado peor que el primero.

Debido a que el socialismo revolucionario requiere un cambio en la naturaleza humana, merece poca atención. Es imposible introducir, y mucho menos mantener, el estado socialista, hasta que la naturaleza humana sea totalmente diferente de lo que es ahora. Cuando el socialista haya logrado este cambio, pero no antes, el abandono del sistema actual merecerá la más mínima atención. No es pertinente mientras los hombres difieran entre sí —no hay dos iguales, pero todos igualmente decididos a vivir cada uno su propia vida a su manera, esto siendo su naturaleza. Esta es la ley del progreso de su raza, así como lo es de la vida vegetal y animal.

Mediante la selección y el cultivo del animal o planta excepcional —aquel que muestra la mayor «variación» del tipo ordinario— los criadores y cultivadores desarrollan los órdenes superiores de la vida. Así ha venido el hombre del bruto. La raza ha sido permitida desarrollarse en libertad, por lo tanto, mientras aún era salvaje el más fuerte físicamente era el más destacado, y más tarde, bajo la civilización, los mentalmente más fuertes se convirtieron en los líderes, de los cuales han surgido los selectos pocos cuyos nombres destacan en la historia como los miembros excepcionales de nuestra raza, cuyos trabajos y ejemplos, en todos los dominios superiores del esfuerzo humano, han elevado lentamente a la raza a su posición actual, infinitamente más alta de lo que estaba solo hace unos pocos cientos de años.

No la uniformidad, sino la infinita diversidad aseguró este progreso, y según podemos ver, es solo a través de la diversidad que la raza puede continuar su marcha ascendente. El hombre excepcional en cada campo debe tener la libertad y el estímulo para desarrollar sus poderes, gustos y ambiciones inusuales de acuerdo con las leyes que prevalecen en todo lo que vive o crece. La «supervivencia del más apto» significa que las plantas, animales o hombres excepcionales que tienen las «variaciones» necesarias respecto al estándar común son las fuerzas fructíferas que hacen fermentar el todo. Entre estos están los grandes maestros y legisladores, los poetas y estadistas, médicos e historiadores, los inventores y descubridores, que guían a la masa de patrón más uniforme hacia adelante y hacia arriba. El contraste entre Shakespeare y el espécimen ordinario de la humanidad es tan grande como el que hay entre el hombre civilizado promedio y el bárbaro.

Unas pocas páginas de este libro podrían contener los nombres de los hombres verdaderamente excepcionales que han hecho avanzar distintamente a la raza humana desde que comenzó la historia. Muchos, de hecho, han contribuido a esto, y en el sentido más amplio, ningún individuo puede vivir una vida buena y útil sin contribuir con su granito de arena al bienestar general, pero los que han logrado un avance decidido en cualquiera de los innumerables caminos del esfuerzo humano han sido pocos en número, aunque construyeron sobre la obra de muchos predecesores. Burbank cultiva cientos de miles de plantas, a veces millones, antes de que aparezca la variación excepcional desde la cual pueda desarrollarse una nueva variedad capaz de producir frutos superiores. Así también con el hombre, quien debe ser dejado en perfecta libertad, mientras no infrinja la libertad de otros ni perjudique al Estado. Libre para elegir su carrera y vivir su propia vida a su manera, siendo la regla la libertad total, limitándose solo en casos excepcionales y solo cuando surjan razones apremiantes que hagan necesaria la intervención para proteger la libertad de los demás y así prevenir mayores males al cuerpo político.

Bajo las condiciones actuales, que dan a todos los hombres la libertad para forjar su carrera, un cardador de lana oye y obedece el imperioso llamado desde lo alto, y ofrece a la humanidad las obras maestras de la literatura, un valioso legado que, según Lowell, vale más que todos los clásicos antiguos. Un pobre labrador, «que de todos los hombres se acurruca más cercano al seno de la humanidad», Contempla la hermosa visión que aparece en su antigua casa de barro y bajo su guía proclama la «Realeza del Hombre», exalta la «Pobreza Honrada», abate la cruel «Teología» de su tiempo y saluda al desafortunado ratón como su «pobre compañero nacido de la tierra y mortal», siendo para él toda vida afín. Un joven al que se le ordena gestionar una granja se rebela y sigue su destino, y en una sola palabra, «gravitación», revela al mundo la ley que permea el universo. A dos jóvenes ingleses, ambos notables por su originalidad y difíciles de ubicar, mientras aún estaban tanteando, les llegó la revelación; cada uno encontró su destino, y desde su reclusión, después de años de trabajo, proclamaron la palabra que trajo orden al caos, «Evolución»; y el hombre, ya no la supuesta criatura degradada caída de su alto estado, se presenta hoy en su majestad, el monarca de todas las cosas creadas, dotado con la sublime aspiración de un continuo ascenso, sin límite en su futura elevación salvo la perfección.

Hace cuatrocientos años, un joven escocés, pronto huérfano en la pobreza, movido por un espíritu interior que se despertó en la madurez, vivió para publicar el primer germen de la democracia en Gran Bretaña, proclamando que «todo el poder reside en el pueblo, y que los reyes solo deben ser apoyados mientras obren para el bien de su gente». Cuarenta años después, uno de sus alumnos, también pronto huérfano, escuchó el llamado del destino como discípulo de su predecesor. Cuando el rey James le preguntó si no era una ofensa contra Dios oponerse al «ungido del Señor», respondió: «Hombre, tú solo eres el vasallo necio del Señor», y en gran parte a estos dos pioneros de la democracia, apoyados setenta años después en Inglaterra por aquel de la «voz resonante», un pobre escribano, nuestra raza debe el gobierno constitucional.

El hijo de un curtidor francés encuentra su misión y consagra su vida a ella. «La más horrible de todas las enfermedades», hasta ahora incurable, es vencida; la tasa de mortalidad se reduce al 1 por ciento. La práctica quirúrgica se revoluciona. Más tarde, rescata la industria de la seda de una epidemia de carácter fatal. Un trabajador portuario en Génova, inspirado por los dioses, ve en su imaginación lo que yace más allá de los mares y revela el nuevo mundo.

Un pobre estudiante, que consigue acceso finalmente a un pequeño telescopio, sigue las estrellas y revoluciona las concepciones humanas del sistema planetario.

Un médico alemán, que brinda servicios gratuitos a los pobres y perfora las paredes de su humilde vivienda para poder observar las estrellas en su paso, manteniendo durante muchos años el secreto trascendental en su pecho por temor a ser condenado en la hoguera, al fin revela al mundo la teoría copernicana.

Un joven que aprende odontología y, en su práctica, viendo las agonías de sus pacientes, escucha el llamado a su misión, descubre el antídoto en el éter, y en adelante, en el dulce sueño inconsciente, el dolor encuentra su conquistador.

Un aprendiz de impresor alemán, conocido por su devoción al trabajo y el estudio de medios de mejora, encuentra la respuesta en los tipos móviles, los cuales, a través de la página impresa, hacen el conocimiento universal.

Un mecánico escocés, que hace pequeñas labores para ganarse la vida, se ve fascinado por el descubrimiento del calor latente en el vapor hecho por Black, y de allí en adelante concentra su vida en el problema de su utilización y aparece la máquina de vapor; un ingeniero trabajador extiende su dominio sobre el mar, un minero lo extiende sobre la tierra; y el mundo se reduce a un vecindario. Un joven impresor en Filadelfia, visitado por los genios cuando «comunica con los cielos», extrae electricidad del cielo y el mundo hoy está en constante comunicación instantánea. Un joven de nuestra época escucha el llamado imperioso y, lo más misterioso de todo, tenemos comunicación inalámbrica a través del Atlántico. Un aprendiz de cirujano, horrorizado por los estragos de una enfermedad infecciosa, escucha la llamada del espíritu para actuar y una plaga devastadora es vencida.

Un joven mensajero de telégrafos en Estados Unidos, llevado por los dioses al misterioso reino, produce la telegrafía dúplex, da al mundo iluminación eléctrica mejorada, el fonógrafo, y otras maravillas, y sigue sumergiéndose en lo desconocido. Otro escocés, aún ocupado con los dioses, produce el teléfono. Otro mecánico escocés, descubre el gas de hulla y lo usa por primera vez para iluminar su humilde hogar.

Un maestro del hierro inglés inventa planes para usar carbón mineral en lugar de carbón vegetal para fundir la piedra de hierro; un joven escocés que dejó la escuela a los catorce años inventa el alto horno; y estos dos británicos revolucionan la fabricación de hierro.

Un alemán, después de años de esfuerzo, finalmente inventa un nuevo proceso para la fabricación de acero, abaratando ese artículo indispensable. Un trabajador escocés añade el ingrediente faltante. Otro alemán sigue con otro proceso, y el acero se convierte en el esclavo indispensable del progreso.

Tres ingleses —un tejedor de telares manuales, un fabricante de juncos y un aprendiz— a través de sus inventos —la lanzadera volante, la spinning-jenny y el marco de hilar— dan al mundo el tejido moderno, la industria manufacturera que más emplea mano de obra.

Un joven estadounidense pobre, empleado en una barcaza comercial en el Misisipi, ve por primera vez a hombres y mujeres comprados y vendidos en el bloque de subastas, y el mensajero divino lo conmueve. Al abandonar la escena, jura: «Si alguna vez tengo la oportunidad de golpear ese maldito sistema, lo golpearé con fuerza». Se consagra a su misión sagrada y acaba con el último vestigio de la esclavitud en el mundo civilizado.

Podrían llenarse más páginas con tales ejemplos de liderazgo benefactor desarrollados bajo el Individualismo.

Rara vez, si acaso alguna vez, el mensajero de los dioses llega al palacio o a la imponente casa de riqueza para llamar a hombres al honor que sigue al servicio supremo a la raza. El rango no tiene lugar. La riqueza roba a la vida el elemento heroico, la sublime consagración, el autosacrificio de la comodidad necesarios para el desarrollo constante de nuestros poderes y la realización del servicio más elevado. Que los trabajadores noten cuántos de los excepcionales, indicados en las páginas anteriores, que han llevado a la raza hacia adelante, eran trabajadores manuales:

Shakespeare, Morton, Jenner, Neilson, Lincoln, Gutenberg, Edison, Siemens, Bessemer, Mushet, Colón, Watt, Bell, Arkwright, Franklin, Kay, Murdoch, Hargreaves, Stephenson, Symington y Burns, todos comenzaron como trabajadores manuales. No hay un líder rico ni titulado en toda la lista. Todos fueron obligados a ganarse el pan. La mayoría de ellos, sin embargo, pero no todos, en su debido momento abandonaron el trabajo manual, un desarrollo saludable y uno al que todo trabajador debería aspirar. Honorable y necesario como es el trabajo manual, saludemos con gusto el trabajo productivo de la mente como de un orden superior, así como el espíritu está por encima de la carne, aunque nunca debe olvidarse que en el trabajo especializado de nuestros días es imperativamente necesaria una unión de cerebro y músculo. El mecánico de primera clase capacitado ahora trabaja tanto con su cerebro como con sus manos, y, si está a cargo de la maquinaria, mucho más.

La habitación sombría, el laboratorio cerrado, el taller abarrotado y el hogar de la pobreza honesta contienen al excepcional, capaz de llevar adelante la misión de la raza en la tierra, que es, en cada generación sucesiva, hacer esta vida un poco más alta y mejor.

En nuestros días, está muy lejos de la verdad decir que el trabajo crea toda la riqueza, y aún más lejos de la verdad que el trabajo fija los valores; pero está muy cerca de la verdad que, hasta ahora, el joven criado en la pobreza, que debe trabajar para poder comer, ha desarrollado las cualidades sobre cuyo ejercicio depende el progreso de nuestra raza.

Poco han contribuido en el pasado, ya sean los ricos o los titulados, al avance del mundo, y poco puede esperarse de ellos en el futuro. Estas clases carecen del estímulo de la necesidad, y al estar bien colocados, naturalmente se contentan. Así lo harían los pobres si las posiciones se revirtieran. Esta es la naturaleza humana tal como existe en nuestros días. El hombre rico excepcional o el joven que desprecia los placeres y vive días laboriosos (hay unos pocos así) merece doble honor.

Bajo nuestro actual sistema individualista, que fomenta y desarrolla los líderes necesarios, no hay un funcionario del Estado que interfiera, no hay comunismo, no hay uniformidad, no hay comisión que considere las reclamaciones de los excepcionales y decida sobre sus destinos. Todos están en perfecta libertad y en posesión de la gloriosa libertad de elección, libres «por el solo acto de su propia voluntad no subordinada» para obedecer la llamada Divina que los consagra a su gran misión.

Un punto está claro: no se debería hacer nada que pueda tender a reducir la diversidad de talentos en nuestra raza, y se debería hacer todo lo posible para aumentarla si es posible; porque es a través de la «variación» como se ha logrado y se logrará el progreso de la raza, y el progreso es el objetivo principal de la existencia. Para esto estamos aquí, como lo demuestra el hecho de que el progreso de lo inferior a lo superior ha prevalecido desde que esta tierra se enfrió y la vida comenzó a aparecer. Esta es nuestra misión divina: que cada individuo en su día y generación impulse esta marcha hacia arriba, para que cada generación sucesiva sea mejor que la anterior. Ninguno de nosotros puede sentir que ha cumplido con su deber, a menos que pueda decir, al acercarse a su fin, que, porque ha vivido, algún semejante, o algún pequeño rincón de la tierra o algo sobre ella, ha sido hecho un poco mejor. Esto no está fuera del alcance del más humilde, pues todos pueden al menos ofrecer a otros — «Esa mejor porción de la vida de un buen hombre, Sus pequeños, anónimos, no recordados actos de bondad y de amor».

Relaciones familiares

La objeción más seria al Socialismo, una duda en nombrarla, pero esto no puede bien evitarse. Nos alegra creer que la mayoría de los autodenominados socialistas de nuestra raza angloparlante la repudiarían. Sin embargo, está claro que el sistema tendería naturalmente a producir, al menos en cierto grado, los efectos temidos. Nos referimos al más notable de los triunfos de la civilización: la creación del hogar feliz, el producto de un hombre y una mujer, santamente casados, con la bendición de los hijos viniendo a ellos, para darnos aquí un sabor del cielo en la tierra. De todo lo que la evolución ha dado al hombre durante la larga y lenta marcha de los siglos, desde la barbarie hasta ahora, esto es la corona. Quita esto, y para millones que lo poseen —los mejores de la raza— la vida se vuelve indeseable. El santuario de los santuarios es el hogar puro y feliz.

Hemos estado tratando sobre la riqueza, la tierra y el trabajo. Los cambios relativos a estos son de poca importancia en comparación con los cambios amenazados en nuestras relaciones familiares. Ese es el camino a la degradación. Aquí descansa la raíz más preciosa de todo lo que eleva, refina y mejora la naturaleza humana.

El autor habría preferido omitir esta referencia al Socialismo, pero sintió que no podía ser ignorada. Se busca en vano en los folletos publicados hasta ahora una repudiación de los sentimientos de los líderes socialistas, tanto pasados como presentes, quienes admiten que las relaciones familiares deben cambiarse en gran medida bajo el Socialismo.

El autor confiesa que fue con sorpresa que encontró a varios escritores modernos y conocidos avanzando tanto en la dirección de aceptar la doctrina de que el Socialismo obligaba a este cambio.

El primer exponente del Socialismo moderno, Fourier, es responsable de este estigma, aunque incluso Owen discutió las opiniones aceptadas sobre el matrimonio, por lo que no es un desarrollo reciente.

Parece aconsejable que los escritores más conocidos entre los socialistas reconocidos, especialmente aquellos de nuestra propia raza que ocupan posiciones eminentes, presten a esta característica atención inmediata y, esperemos, la repudien públicamente.

Tenemos la admisión del principal historiador inglés del Socialismo, en nada menos que la Enciclopedia Británica, de que «en la escuela de Marx, que en el Socialismo es con mucho la más importante en este como en otros países, existe una tendencia a denunciar el contrato legalmente vinculante en el matrimonio».

La conexión, sin embargo, se basa en esto, como lo trató Lamartine en su célebre historia de la Revolución Francesa de 1848: «El comunismo de bienes lleva, como una consecuencia necesaria, al comunismo de esposas, hijos y padres, y a la degradación de la especie».

Otros historiadores han llegado a una conclusión similar. No solo esto, sino que los líderes socialistas han admitido todo lo que Lamartine aquí afirma, excepto su última conclusión. Jager, en su obra, «Socialismus,» observa que la posesión común de la tierra y el suelo, si surge del materialismo, también conduce a la comunidad de esposas como otra expresión del comunismo materialista.

En su ensayo sobre «El Socialismo y el Sexo», el profesor Karl Pearson, considerado uno de los escritores socialistas más distinguidos de este país, escribe: «Con los siglos, a medida que desaparecen los últimos vestigios del patriarcado y la mujer obtiene derechos como individuo, cuando una nueva forma de posesión está surgiendo, ¿es racional suponer que la historia romperá su ley invariable hasta ahora y que una nueva relación sexual no reemplazará a la antigua?»

En un pasaje posterior, el profesor Pearson arroja más luz sobre la naturaleza de esta «nueva relación sexual».

En su ensayo nos informa que la mujer será la «igual física y mental» del hombre «en cualquier asociación sexual en la que acuerden entrar». Para tal mujer, sostengo que la relación sexual, tanto en forma como en sustancia, debe ser una cuestión pura de gusto, una simple cuestión de acuerdo entre el hombre y ella, en la cual ni la sociedad ni el Estado tendrían necesidad o derecho de interferir».

Esta última conclusión, el profesor Pearson procede a modificarla en el caso donde «la relación sexual» resulte en hijos; «entonces», declara enfáticamente el profesor Pearson, «el Estado tendrá derecho a interferir...». y, aparentemente, en opinión del autor, se verá obligado a intervenir.

Uno de los más grandes escritores socialistas franceses, M. Gabriel Deville, al abogar por la supresión del matrimonio bajo el socialismo y la sustitución del «amor libre», resume las principales razones que explican la antipatía inherente del socialismo hacia la continuación del matrimonio, diciendo:

«El matrimonio es una regulación de propiedad, un contrato de negocios antes que una unión de personas, y su utilidad se deriva de la estructura económica de una sociedad basada en la apropiación individual. Al dar garantías a los hijos legítimos y asegurarles el capital paterno, perpetúa la dominación de la casta que monopoliza las fuerzas productivas... Cuando la propiedad se transforme, y solo después de esa transformación, el matrimonio perderá su razón de ser».

Bebel, el gran líder socialista internacional, en su obra «La Mujer y el Socialismo» (traducida al inglés bajo el título de «Woman: Her Past, Present, and Future»), expresa opiniones muy similares a las de Deville en el siguiente pasaje:

«El matrimonio burgués es una consecuencia de la propiedad burguesa. Este matrimonio, al estar en la conexión más íntima con la propiedad y el derecho de herencia, exige 'hijos legítimos' como herederos. Se contrae con el propósito de obtenerlos, y la presión ejercida por la sociedad ha permitido a las clases dominantes imponerlo en el caso de aquellos que no tienen nada que legar. Pero, como en la nueva comunidad no habrá nada que legar... el matrimonio compulsorio se vuelve innecesario desde este punto de vista, así como desde todos los demás».

«El modelo monogámico existente», escriben dos de los líderes más destacados del socialismo inglés —el Sr. Belfort Bax y el Sr. H. Quelch— respecto al matrimonio, «es simplemente el resultado de la institución de la propiedad privada o individual... Cuando la propiedad privada deje de ser el fulcro alrededor del cual giran las relaciones entre los sexos, cualquier intento de coerción, ya sea moral o material... necesariamente se volverá repugnante para el sentido moral de la comunidad».

Lecky dice: «Es perfectamente cierto que el matrimonio y la familia forman la raíz principal de la que se desarrolla todo el sistema de la propiedad hereditaria, y sería completamente imposible extirpar permanentemente la herencia a menos que la estabilidad y el afecto familiar fueran aniquilados».

El Sr. Hepworth Dixon, quien ha dedicado un estudio especial al funcionamiento real de las sociedades comunistas, observa que, «El hecho permaneció, y con el tiempo se supo, que el sistema de Fourier no podía reconciliarse más de lo que podía reconciliarse el sistema de Owen, con la partición de la humanidad en esos grupos especiales llamados familias, en los cuales las personas viven juntas una vida diseñada por la naturaleza, bajo la estrecha relación de esposo y esposa, de padre e hijo».

«La primera concepción misma de un Estado Socialista es tal relación de los sexos,» escribe nuevamente el Sr. Hepworth Dixon, «que evitará que hombres y mujeres caigan en grupos familiares egoístas. La vida familiar está eternamente en guerra con la vida social. Cuando tienes un hogar privado, debes tener propiedad personal para alimentarlo; de ahí que una comunidad de bienes —la primera idea de un Estado Socialista— se haya encontrado en todos los casos que implica una comunidad de hijos y fomenta una comunidad de esposas. Que no se puede tener socialismo sin introducir comunismo es la enseñanza de toda experiencia, ya sea que los ensayos se hayan hecho a gran escala o a pequeña escala, en el viejo mundo o en el nuevo».

El difunto Sr. William Morris, en compañía del Sr. Belfort Bax, ha escrito en denuncia de la actual «falsa» moralidad, cuyo objetivo «es la perpetuación de la propiedad individual en riqueza, en el trabajador, en la esposa, en el hijo».

Más adelante, los mismos autores nos dicen sobre «la llegada de la libertad económica social» que los viejos conceptos de la familia dejarían de existir. «Así,» afirman, «se desarrollaría una nueva forma de familia, basada no en un arreglo de negocios predeterminado y de por vida, que debe mantenerse formal y nominalmente independientemente de las circunstancias, sino en la inclinación y el afecto mutuos, una asociación terminable a voluntad de cualquiera de las partes... No habría ningún vestigio de reprobación pesando sobre la disolución de un vínculo y la formación de otro».

La Sra. Snowden, en su libro recientemente publicado «La Mujer Socialista,» informa a sus lectores: «Es más que probable que el servicio de matrimonio ordinario de la iglesia será abolido. Pero debería ser abolido. Bajo el Socialismo, el servicio de matrimonio probablemente será una simple declaración por parte de las partes contratantes ante los representantes civiles del Estado».

En el mismo sentido escribe el profesor Karl Pearson: «Tal entonces me parece la solución socialista del problema del sexo: completa libertad en la relación sexual, dejada al juicio y gusto de una raza de hombres y mujeres económicamente iguales, físicamente educados e intelectualmente desarrollados; intervención estatal, si es necesario, en el asunto de la procreación, con el fin de preservar la independencia intersexual, por un lado, y limitar una población eficiente por el otro».

«El movimiento socialista con su nueva moralidad y el movimiento por la igualdad de sexos,» escribe el profesor Pearson en un pasaje anterior, «debe socavar rápida y seguramente nuestras costumbres matrimoniales actuales y la ley del matrimonio».

El Sr. H. M. Hyndman predice bajo el Socialismo un cambio completo en todas las relaciones familiares que debe resultar en un comunismo ampliamente extendido.

M. Jules Guesde, uno de los líderes del socialismo internacional, escribe: «La familia fue útil e indispensable en el pasado, pero ahora es solo una odiosa forma de propiedad. Debe ser transformada o abolida».

Existen otras citas en el libro mencionado que nos abstenemos de citar.

Al juzgar el socialismo, nos vemos obligados a considerar este aspecto de la cuestión y ver hacia dónde nos conduce. Creemos que las opiniones expresadas no son aceptadas por muchos socialistas de nuestra propia raza. Lo que nos preocupa es si el resultado del sistema socialista tiende a cambiar o destruir el matrimonio y la vida familiar tal como existen hoy en día.

El socialismo, con sus condiciones de vida e ingresos iguales, debe tender a evolucionar hacia la sala común, la agregación de miembros en un edificio común y todos los aspectos de los cuarteles. La Sra. Besant describe estas condiciones: «salones de comidas públicas,» «grandes viviendas que reemplazarán a las casas de campo anticuadas,» «una gran cocina,» «un comedor,» y «un agradable jardín de té».

El resultado de todo esto debe ser destruir el hogar como lo conocemos y tender a sustituirlo por el ideal socialista, donde todas las personas son hermanos y miembros de una sola familia y una sola casa; la riqueza hereditaria y las relaciones de sangre hereditaria abolidas, padre e hijo, esposa y madre, hermanas y hermanos no serán más entre sí que otros miembros de la gran casa socialista. Los lazos de parentesco, incluso de padre y madre e hijos, eventualmente se hundirán en un afecto común por todos.

Todos han de estar en igualdad de relación, unos con otros, bajo la influencia del socialismo, respecto a hogares, propiedad, comida, vestimenta y todas las demás cosas. Incluso los niños deben ser cuidados por el Estado. «Pero si alguno no provee para los suyos, y mayormente para los de su casa, ha negado la fe, y es peor que un infiel,» se volverá obsoleto, porque el hogar del socialismo no será individualista sino comunista. A partir de entonces, se convierte en el deber del socialista proveer para todos como si fueran de su propia familia, siendo miembros de un gran hogar y una familia. Tal es aparentemente el objetivo final del socialista extremo. Esto significaría una segunda caída del hombre. Adiós a la felicidad humana en su forma más pura, más elevada, más embriagadora. Destruir nuestra vida hogareña tal como existe hoy, y bien podemos lamentar que:

«El vino de la vida está extraído, y queda la hez meramente para jactarse de esta bóveda».

Al igual que el socialismo, que retrocede al pasado salvaje y urge al hombre a regresar al comunismo, también parece contemplar el retorno de hombres y mujeres a la barbarie en sus relaciones más sagradas, si nos vemos obligados a aceptar literalmente a algunos de los escritores citados en «El caso contra el socialismo» como verdaderos exponentes del nuevo sistema.

Las leyes de Gran Bretaña, comparadas con las de América, son menos favorables a la mujer, y las de las naciones continentales lo son aún menos; bajo las leyes americanas ella tiene una posición adecuada, demostrando la estima en la que es tenida por los hombres americanos en todas las relaciones de la vida. Como el socialismo es un desarrollo continental, las referencias hechas a la mujer por escritores socialistas franceses y alemanes, algunas de las cuales nos hemos atrevido a citar, nos horrorizan en lo que respecta a lo que se debe a los seres que, en su desarrollo más alto, son capaces de alcanzar alturas inalcanzables para los hombres.

Sinceramente, se espera que los respetados líderes del Socialismo aborden de manera efectiva esta faceta de la cuestión al repudiar los sentimientos expresados. Un filósofo pagano, sopesando los méritos de Cristo para ser considerado entre los grandes maestros, probablemente colocaría en primer lugar lo que Él hizo por la elevación de la mujer. El hombre civilizado, en su progreso, no solo ha superado, sino que ha invertido la idea tradicional de Adán y Eva.

«Para la contemplación él y la valentía formados. Para la suavidad ella y la dulce gracia atractiva; Él para Dios únicamente, ella para Dios en él».

En los hogares más felices y santos de hoy en día, no es el hombre quien guía a la esposa hacia arriba, sino la esposa infinitamente más pura y angelical a quien el esposo sigue reverentemente en el camino celestial como la encarnación más alta de todas las virtudes que le han sido reveladas: él para Dios en ella. A lo largo de la raza angloparlante hoy en día, en general, es la esposa y madre quien santifica el hogar.

Si todos los sueños del más enloquecido socialista fueran realidades adquiribles al costo del actual hogar feliz del Individualismo, con esposa e hijos, el sacrificio sería demasiado grande — el golpe a nuestra civilización sería fatal.

La larga marcha hacia arriba

SI EL HOMBRE hubiera sido creado perfecto, pero con un instinto hacia su propia degradación, y si hubiera caído tan bajo en la escala como para volverse incapaz de vivir, entonces, ciertamente, su futuro podría ser desesperanzador. Pero cuando sabemos que, en lugar de esto, se ha desarrollado lentamente desde los órdenes inferiores de vida, ascendiendo constantemente en la escala, siglo tras siglo, durante miles, quizás millones de años, moviéndose firmemente hacia la perfección, podemos albergar la confiada expectativa de que no puede haber retroceso.

Lo contemplamos y exclamamos: «¡Qué obra maestra es el hombre! ¡Cuán noble en razón! ¡Cuán infinito en facultades! ¡En forma y movimientos, cuán expresivo y admirable! ¡En acción, cuán semejante a un ángel! ¡En comprensión, cuán semejante a un dios!»

Solo a través de individuos excepcionales, los líderes, el hombre ha podido ascender. Es imitativo, y lo que ve hacer a otro, lo intenta y generalmente lo logra. Son los líderes quienes hacen las nuevas cosas que cuentan, y todos ellos han sido individualistas en un grado más allá del común de los hombres y han trabajado en perfecta libertad; cada uno un carácter diferente a cualquier otro; un original, dotado más allá de los demás de su especie, de ahí su liderazgo.

Los hombres no son creados iguales: por el contrario, hay una infinita variedad, no solo en los poderes otorgados, sino también en su grado, ya que los frutos de las vidas de los hombres dependen tanto de la cantidad de los mismos poderes compartidos con otros como de los diferentes poderes heredados. Al principio, la tierra solo era una bola de fuego desprendida de nuestro sol, sin posibilidad de vida sobre ella hasta que se enfrió, probablemente pasando millones de años antes de que pudiera aparecer una hoja verde. Luego, después del surgimiento de la vegetación, vino la vida desde el lodo del mar; y finalmente, del orden superior de la vida, se desarrolló el hombre primitivo, descrito como viviendo en árboles y bajando a rastras para alimentarse de lo que puede encontrar, incapaz de caminar erguido hasta que obtiene más comida a medida que avanza el verano. El hombre permaneció mucho tiempo en el estado salvaje, y al igual que otras bestias salvajes, su principal ocupación era la guerra contra su propia especie, comiendo y matando a sus cautivos. Posteriormente, pasó a la etapa bárbara, no tan bestial. Comenzó a construir chozas, a veces a cultivar la tierra, siempre mejorando, sin caer permanentemente tan bajo como sus predecesores.

Después de innumerables años de tal tormenta y estrés, nosotros, hoy en día, nos hemos vuelto más civilizados, más pacíficos; las artes de la paz, no las de la guerra, son nuestra ocupación. Hemos llegado a la era industrial con sus problemas. Estamos llamados a estudiar y discutir, sin temer que el poder dentro de nosotros, que decreta una mejora incesante, no nos permita continuar recorriendo el camino ascendente. Cometeremos errores, como es habitual, pero el organismo humano avanza con seguridad, aunque lentamente, retractando sus tentáculos siempre que tocan suelo perjudicial, buscando de nuevo hasta encontrar tierra fértil, y solo entonces se da el siguiente paso hacia adelante. Así, el organismo nunca se mueve lejos hasta que se descubre el camino correcto. Está en la constante búsqueda de nutrimento, y descarta todo lo que es perjudicial. Si de vez en cuando ingiere un bocado indigesto, lo expulsa rápidamente. De ahí su constante marcha hacia adelante y hacia arriba. Nunca ha encontrado una dificultad que no haya superado. Lleva una vida encantada. Todo esto lo ha revelado claramente Herbert Spencer.

Es una señal saludable cuando hay inquietud e insatisfacción, y defensores fervientes, incluso extremos, del cambio, clamando por cosas mejores y un avance más rápido. El descontento divino es la raíz del progreso, y hasta nuestros amigos socialistas, con sus ideas revolucionarias, agitan las aguas para nuestro bien, si razonamos sobria y conjuntamente y probamos sus remedios propuestos, antes de abandonar el camino que hasta ahora ha llevado a nuestra raza desde la brutalidad hasta la civilización. Por la naturaleza de su ser, la única regla que la raza humana nunca puede violar persistentemente es aquella que proclama: «Aférrate a lo que ha demostrado ser bueno».

No se puede criticar a nuestros amigos socialistas diciendo que no tienen buenas intenciones. Al contrario, ninguna clase se mueve por impulsos más nobles. Sus corazones están en el lugar correcto, y uno no puede evitar a veces admirar sus aspiraciones. Así escribe Keir Hardie:

«Seguramente es razonable esperar que llegará un día en el que el deseo de servir, en lugar de ser servido, será el aguijón que impulse a los hombres a realizar actos nobles».

«Hay un acuerdo perfecto en dos puntos principales de principio: la hostilidad al militarismo en todas sus formas, y a la guerra como método para resolver disputas entre naciones es el primero».

George Eliot dice en algún lugar que ella podría imaginar un día futuro en el que el esfuerzo para ayudar a un semejante en problemas sería tan involuntario como lo es ahora agarrar a alguien que tropieza y está en peligro de caer al suelo. Tales esperanzas y aspiraciones no están confinadas a los socialistas. Son compartidas por multitud de buenos individualistas. Dejemos que estas aspiraciones se desarrollen libremente. Bajo el individualismo, la raza está siempre desarrollando sus impulsos generosos. El altruismo crece con el tiempo. Nunca ha sido el hombre civilizado el guardián de su hermano hasta el grado en que lo es en nuestros días. No se requieren condiciones socialistas para producir un crecimiento saludable en esta dirección. Donde diferimos de los socialistas es en cuanto a la conveniencia de un cambio violento del individualismo, que ha guiado y sigue guiando en la dirección deseada a través de la mejora continua de las condiciones actuales.

Creemos que la manera más segura y mejor de obtener más servicio de los hombres hacia sus semejantes menos afortunados es mediante una evolución continua como en el pasado, en lugar de un socialismo revolucionario, que gasta su tiempo predicando cambios que no están dentro de una distancia mensurable de alcanzar, incluso si fueran deseables en sí mismos. Sentimos que los socialistas descuidan el deber inmediato de su día y generación e intentan vanamente proveer para un futuro lejano y desconocido de la raza, que solo puede determinar sus propias necesidades en su propio tiempo. Sus estallidos revolucionarios alarman a los tímidos y conservadores, y por lo tanto amenazan con demorar y quizás frustrar durante una generación muchos avances deseables, que el ala moderada de su propio partido desean ardientemente, especialmente en Gran Bretaña. Los mismos socialistas extremos son uno de los obstáculos para el progreso sustancial en la actualidad.

Por otro lado, los tímidos y conservadores no deben olvidar que existen graves e injustas desigualdades relacionadas con la tierra: la no imposición de valores de los terrenos, el voto plural y los distritos electorales desiguales en Gran Bretaña; también en la imposición de impuestos no conforme a la capacidad de pago y la desigual distribución de la riqueza, común en todos los países. También deben recordar que la manera más segura y, de hecho, la única de asegurar un pueblo contento es reconocer rápidamente y corregir estos y otros males.

Sería inútil creer que las masas de Gran Bretaña seguirán mucho tiempo contentas viendo a sus compatriotas en Canadá, Australia, Nueva Zelanda y América disfrutando de tierras libres, sin primogenitura ni asentamientos, y sitios gravados a valores reales, igualdad de poder de voto a través de distritos electorales iguales, un hombre un voto, pago a los miembros, control total sobre el tráfico de licores, licencias anuales a altas tasas y canceladas libremente, y la opción local extendiéndose rápidamente. La igualdad con sus compatriotas del otro lado del mar pronto se convertirá en un clamor, y cuanto antes se conceda, mejor, para que el constante avance del desarrollo evolutivo, tan fructífero en el pasado y tan necesario para el futuro, continúe reinando en paz en la tierra donde la libertad se expande lentamente. El ritmo de la reforma durante algunos años ha sido mucho más lento en comparación con el progreso de las ideas. El día está llegando cuando instituciones afines prevalecerán en todas las naciones de nuestra raza, siendo aquello que resulta ventajoso en una rápidamente adoptado por todas las demás. Así se sentarán las bases de un imperialismo de raza duradero y beneficioso, cuya influencia en los consejos del mundo, siempre abogando por el arbitraje pacífico de disputas, llevará al reinado de la paz y la hermandad del hombre.

Una última palabra para nuestros amigos socialistas bien intencionados, pero, según creo, engañados. Nacer en una pobreza honesta y verse obligado a trabajar y esforzarse por un medio de vida en la juventud es la mejor de todas las escuelas para desarrollar cualidades latentes, fortalecer el carácter y hacer hombres útiles; de esta escuela han salido nuestros líderes. Es bueno que el hombre salga a trabajar por la mañana y labre hasta la noche. El trabajo no es un castigo; es una bendición. El trabajo constante es también el mejor conservador de las virtudes. Aún no se ha encontrado un sustituto para ello.

El hombre no ha sido puesto en este mundo para jugar y divertirse. Se le ha confiado una misión seria y tiene deberes onerosos que cumplir, no para una generación futura, sino para la suya propia, y quien no se esfuerza por mejorar esta, nuestra propia vida de hoy, no merece otra. Abogar por esquemas especulativos para un futuro del cual no podemos saber nada es una tontería y peor, pues las ideas revolucionarias proclamadas tan temerariamente por los socialistas alarman a los hombres sobrios y conservadores, y los impulsan a las filas de aquellos que oponen las reformas saludables necesarias en nuestro día, que de otro modo podrían ser fácilmente alcanzadas.

Socialistas Evolutivos, Socialistas Moderados, Socialistas Revolucionarios: estamos aquí para atender las necesidades urgentes de nuestra propia era, no para obstruir el avance constante y ordenado del progreso basando nuestras acciones en la suposición asombrosa de que en un futuro distante y desconocido el Individualismo, bajo el cual el hombre ha avanzado de manera constante, será reemplazado por el Comunismo. Esto es perder la sustancia por aferrarse a la sombra y perder nuestro tiempo como niños persiguiendo arcoíris y llorando por la luna.

Mi experiencia con las tarifas ferroviarias y los reembolsos

Este tema nos retrotrae a nuestros primeros días. Fue en 1856 cuando mi jefe, Thomas A. Scott, superintendente de la División de Pittsburgh del Ferrocarril de Pensilvania, fue nombrado superintendente general, con sede en Altoona. Yo era su secretario y operador de telégrafo en Pittsburgh, y me llevó con él.

Las tareas del superintendente de la línea, entonces en su infancia, incluían la fijación de tarifas locales de carga. Yo las ingresaba en el libro de tarifas y, naturalmente, comencé a participar en su establecimiento. Nuestro gran objetivo en aquellos días era desarrollar el tráfico local. Del tráfico de paso se esperaba poco, aunque el presidente Thomson, el gran hombre de los ferrocarriles de su época, se había atrevido a predecir que un centenar de vagones de carga de paso atravesarían Pittsburgh diariamente. Esta profecía se citaba a menudo para mostrar hasta dónde podía llegar aquel oficial optimista pero perspicaz. Ahora, cada día, miles pasan por la ciudad en cada dirección.

El tráfico local—es decir, el tráfico que se originaba y terminaba en la línea—se dependía entonces para generar ingresos. Un hombre emprendedor escribía o llamaba para decir que estaba pensando en abrir una cantera de piedra en la línea y enviar piedra labrada a los pueblos y ciudades si conseguía tarifas que se lo permitieran. Dado que un tráfico que pagaba mucho menos de lo que considerábamos justo era mejor que ningún tráfico, ofrecíamos todo tipo de incentivos a los pioneros, con el resultado de que la cantera se abría.

Otro estaba dispuesto a hacer el experimento de cortar corteza y enviarla a las tenerías, pensando en erigir más tarde una tenería en el bosque. Aquí había una nueva y tentadora empresa y se acordaban fácilmente las tarifas. Otro creía que una calidad peculiar de arena era apta para la fabricación de vidrio y estaba dispuesto a abrir el depósito y probarlo. Se le concedía inmediatamente un desvío, que generalmente era necesario, y tarifas lo suficientemente bajas como para permitirle comenzar.

La trama comenzó a espesarse cuando un segundo hombre llegaba con la propuesta de abrir otra fábrica o cantera similar, no pudiendo hacerlo a menos que recibiera tarifas iguales a las de su predecesor, aunque su trayecto ferroviario pudiera ser más largo. Si dos fábricas iban a estar a solo unos kilómetros de distancia, era evidente que debían recibir las mismas tarifas, y así la cuestión de las «tarifas especiales,» aun comenzando de manera muy simple, pronto se convirtió en un tema complicado. Se debían establecer áreas en las que las tarifas fueran uniformes, aunque esto implicara la aparente injusticia de cobrar más por tonelada por milla en el tráfico de uno que en el de otro. Esto no se podía evitar.

En una fecha posterior, se encontraron corporaciones deseosas de establecer fábricas de hierro y abrir minas de carbón, etc.

De estos pequeños comienzos se construyó el enorme tráfico local del Ferrocarril de Pensilvania, sin igual, se cree, en ninguna otra línea del mundo. Entiéndase que todas estas tarifas se referían al tráfico dentro del Estado de Pensilvania, siendo Pittsburgh y Filadelfia los terminales de la línea. Más allá de Filadelfia estaba el Ferrocarril de Camden & Amboy; más allá de Pittsburgh, el Fort Wayne & Chicago, organizaciones separadas con las que no teníamos nada que ver.

Durante este período, el tráfico de paso ocupaba una posición completamente subordinada. Las tarifas para este tráfico se establecían en Filadelfia por un «agente de carga,» quien entonces era un funcionario de poca importancia comparado con lo que pronto llegaría a ser.

Una vez completados los sistemas de Erie, New York Central, Baltimore & Ohio, y Pennsylvania entre la costa atlántica y el gran Oeste, comenzó de inmediato una fuerte competencia por el tráfico de paso. Al principio, fue una lucha caótica en la que cada compañía ferroviaria conseguía lo que podía al mejor precio posible, sin importar nada más. La situación era peculiar y sigue siéndolo, y lo será por mucho tiempo. La cantidad de carga con destino al este, desde Chicago, St. Louis y otros puntos en el Oeste hasta la costa atlántica, es mucho mayor que la que va desde el Este al Oeste; de ahí que se tengan que arrastrar largas filas de vagones de carga vacíos hacia el oeste.

Es evidente por qué toda la carga con destino al oeste era ansiosamente buscada por todas las líneas. Cada una tenía sus agentes de carga, todos desesperados por asegurar el premio. Las tarifas que podían obtenerse para la carga hacia el oeste eran una consideración secundaria, ya que cualquier tarifa era ganancia neta, puesto que los vagones debían ir hacia el oeste de todos modos, y preferiblemente cargados que vacíos.

Por lo tanto, surgieron guerras amargas entre las líneas de vez en cuando, y los cuatro presidentes se reunían y hacían lo que se llamaba un «acuerdo de caballeros». Estos honorables presidentes daban su palabra de honor de que ciertas tarifas serían rigurosamente adheridas, y sin duda daban órdenes en ese sentido a sus subordinados con buena fe. Pero, es un hecho notable, sin embargo, que estos «acuerdos de caballeros» no duraran mucho tiempo y requirieran renovación en cortos intervalos. Las tarifas acordadas eran demasiado fáciles de evadir. El asistente al agente de carga o uno de su equipo podía prometer ciertos favores a los remitentes en otro tipo de tráfico, mientras adhería estrictamente al cargo acordado por lo que aseguraba, o podía remitir tarifas sobre otra carga no involucrada en el acuerdo.

Así, los acuerdos de caballeros se hacían y rehacían, pero, mientras tanto, la carga de Pittsburgh a menudo se enviaba vía el río Ohio, unos quinientos kilómetros, hasta Cincinnati, transferida de barco a vagón ferroviario allí, y transportada de regreso a Pittsburgh por ferrocarril, pasando por sus calles hasta la costa atlántica, por menos del precio fijado sobre los mismos artículos desde Pittsburgh directamente a la costa atlántica. Lo mismo ocurría con la carga del Este al Oeste. Muchos trenes cargados de hierro del Este han pasado por las calles de Pittsburgh, pagando menos carga que lo que se cobraba por los mismos artículos desde Pittsburgh a los mismos puntos en el oeste. El Ferrocarril de Pensilvania tenía un monopolio del tráfico, y mucho sufrimos nosotros, los fabricantes en aquel estado, en consecuencia.

No debemos ser entendidos como que culpamos severamente a los funcionarios de Pensilvania. Ellos no aumentaron nuestras tarifas en Pittsburgh, las cuales, en sí mismas, podrían considerarse justas; pero redujeron las tarifas para nuestros competidores en su lucha con las líneas troncales. Esto perjudicó gravemente a los fabricantes de

Pensilvania, y especialmente Pittsburgh. Hubiera sido una política más sabia y amplia si el Ferrocarril de Pensilvania hubiera tenido la audacia de decir: «Pase lo que pase, protegeremos a los fabricantes en nuestras propias líneas,» pero se requería más que un funcionario ferroviario ordinario de aquella época para alcanzar este nivel. Un sistema perfecto de tarifas en las diversas rutas no podría alcanzarse sin pasar primero por una temporada de grandes irregularidades y cometer muchos errores. Se tuvo que forjar el orden a partir del caos. Estos fueron los días en los que se originaron los tan mencionados descuentos. Se cobraban las tarifas acordadas en los tratos de caballeros, y las cartas de porte eran claras y justas en apariencia, pero el acuerdo con el remitente era que se permitirían y liquidarían descuentos en el futuro.

Los miembros más astutos pronto descubrieron que las líneas competidoras podían solicitar pruebas y formular la pregunta, «¿Se han pagado descuentos en este envío?» La parte interesada podría decir que no había pagado ninguno, pero si se le cuestionaba uno o dos meses después, o se le preguntaba si no se habían concedido ventajas en otras áreas al remitente, no hubiera podido responder con la verdad. En resumen, se practicaba de todas las maneras posibles el mantener la promesa verbal, pero romperla en la esperanza. Al menos, nosotros los remitentes de la vía de Pensilvania escuchábamos de sus funcionarios de vez en cuando que las otras líneas eran competidores sumamente inescrupulosos y los únicos culpables del desorden reinante.

El sentimiento que se generó en Pittsburgh debido a estas tarifas desiguales se volvió peligroso. El Ferrocarril de Pensilvania era visto como un monopolio que asfixiaba los intereses locales, y así era. Los fabricantes de Pittsburgh, que nunca estaban en posición de obtener descuentos, estaban siendo, de hecho, llevados al límite por la competencia de los fabricantes de otras líneas cuyos productos pasaban por sus puertas y eran transportados mil millas por el sistema de Pensilvania por menos de lo que ellos se veían obligados a pagar por la mitad de la distancia. Las reclamaciones se hacían constantemente, pero sin éxito, hasta que llegó el momento en que la compañía ferroviaria tuvo una disputa con sus trabajadores, lo que dio ocasión para un estallido de la amargura latente que sentía Pittsburgh. Se produjeron graves disturbios, y el espíritu de hostilidad mostrado por todas las clases hacia el gran monopolio trajo desde Filadelfia a mi antiguo jefe, entonces el vicepresidente, a Pittsburgh. En una conferencia con los fabricantes, él acordó que, sin importar a cuánto bajaran las tarifas de paso, el tráfico local en las líneas desde Pittsburgh sería transportado a Chicago o Filadelfia y Nueva York con una pequeña diferencia menos que la tarifa de paso entre la costa atlántica y Chicago y otros puntos. Es decir, el tráfico de Pittsburgh sería cobrado solo un poco menos por la mitad de la distancia que lo que el tráfico de paso de Filadelfia y Chicago pagaba por el doble de la distancia. Se negaba el principio de tarifas proporcionales a la distancia. Con esto, los fabricantes de Pittsburgh tuvieron que contentarse.

Las cosas fueron razonablemente bien hasta que las tarifas ferroviarias nuevamente se descontrolaron completamente debido a la guerra entre las líneas troncales. En esta ocasión, nuestra compañía, Carnegie Steel Company, creyó tener la seguridad de un contrato de gran valor para suministrar materiales a la Newport News Shipbuilding Company, ya que el flete de Pittsburgh a Newport News era mucho menor que desde Chicago. Sin embargo, el contrato fue a parar a Chicago, y al investigar, encontramos que la tarifa dada a nuestro competidor de Chicago para Newport News era menor que la tarifa del Ferrocarril de Pensilvania desde Pittsburgh, aunque la distancia no era ni la mitad de grande. El presidente Ingalls del Chesapeake & Ohio, que entonces comenzaba su brillante carrera, había establecido la tarifa más baja para su nueva línea, que aún no estaba incluida en el «acuerdo de caballeros». Investigamos y encontramos varias tarifas similares prevaleciendo hacia otros puntos, y teniendo una lista de ellas, el autor la llevó al presidente Roberts del Ferrocarril de Pensilvania, con la solicitud de que nos pusiera en igualdad de condiciones con los fabricantes de otras líneas. Cuando se le presentó el documento, mostrando los sobrecargos bajo los cuales trabajábamos, lo empujó a un lado, diciendo: «Tengo suficiente negocio propio que atender; no quiero tener nada que ver con el tuyo, Andy».

Le dije: «De acuerdo, Sr. Roberts; cuando quiera volver a verme, pedirá una entrevista. Buenos días».

La situación se había vuelto intolerable, y buscamos la mejor manera de protegernos. Una línea ferroviaria propia desde Pittsburgh hasta los Grandes Lagos sería una adquisición invaluable, haciéndonos independientes de cualquier monopolio y permitiéndonos transportar todo nuestro tráfico de mineral de hierro desde los Grandes Lagos a Pittsburgh, y nuestro carbón y coque desde Pittsburgh a los Grandes Lagos, dándonos también conexión con otras líneas troncales. Compré el puerto en Conneaut y unos pocos kilómetros de ferrocarril conectados con él, y comencé a extender la línea hasta Pittsburgh.

Mis socios tenían buenas razones para temer las consecuencias de desafiar temerariamente al monstruo del monopolio, y no podía culparlos; indudablemente, tenía el poder de paralizar nuestras operaciones. Una insinuación al superintendente de que el suministro de vagones para nuestras fábricas o el movimiento de nuestro tráfico no necesitaba recibir una atención indebida sería grave, de hecho. Como precaución, me aseguré de que las autoridades en Filadelfia conocieran la política que había decidido seguir si había la más mínima interrupción en nuestro negocio; todas nuestras fábricas se cerrarían, visitaría cada una en sucesión, informaría a los trabajadores sobre por qué estaban inactivos, publicaría las tarifas del monopolio, explicaría por qué Pittsburgh necesitaba nuestro nuevo ferrocarril, y les pediría a ellos, y a todos los trabajadores de otras fábricas, que se quedaran con los brazos cruzados en las calles por donde pasaban los trenes de Pensilvania por millas, en una protesta pacífica y como una insinuación de que sería mejor que se hiciera justicia a Pittsburgh. No hubo interrupción en nuestras operaciones.

No pasó mucho tiempo antes de que recibiera una nota del Vicepresidente Thomson diciendo que el Presidente Roberts y él mismo desearían tener una entrevista. Acepté visitarles al pasar por Filadelfia, y lo hice. Escribo esto en primera persona porque mis socios no veían el camino para luchar contra el gran Ferrocarril de Pensilvania; pero mi sangre escocesa estaba encendida, y estaba dispuesto a luchar hasta la muerte, decidido a no soportar más lo que habíamos estado sufriendo. Realmente era una cosa temible caer en manos de un monopolio ferroviario en esos primeros días, y, sin embargo, esto es lo que hay que decir del ferrocarril: mientras sus tarifas para el tráfico competitivo se reducían más allá de lo razonable por la competencia, la compañía necesitaba aún más las altas tarifas sobre el tráfico local si estas podían ser aplicadas. Esto sin duda era adoptar una visión muy estrecha, pero el ferrocarril estaba entonces en su infancia, y el sentimiento público no era la fuerza en la que se ha convertido desde entonces.

Lo que necesitaba para la entrevista con mis antiguos asociados ferroviarios eran las tarifas de rebaja secreta prevalecientes en otros lugares. Nuestro agente de carga, un joven ingenioso, obtuvo estas y me las entregó en pocos días. Me dejó con la palabra de Richelieu resonando en sus oídos: «Desde la hora en que agarres ese paquete, ¡piensa que tu estrella guardiana llueve fortuna sobre ti!» Algún tiempo después, por supuesto, fue admitido en la sociedad; ese fue el punto de inflexión en su carrera.

Al entrar en la oficina del Presidente Roberts, encontré a él y a mi querido amigo, Frank Thomson, vicepresidente, sentados juntos. Mi recepción fue cordial.

—¿Cómo estás, Andy?

—¿Cómo estás, Sr. Roberts? ¿Cómo estás, Frank? Caballeros, me pidieron una entrevista, y aquí está el culpable ante ustedes. Pónganme en el banquillo y pregúntenme lo que deseen.

Frank dijo: —Eso es justo lo que queremos hacer. ¿Puedo ser el interrogador?

—Sí —respondí—, eres el hombre indicado.

—¿Por qué estás luchando contra el Ferrocarril de Pensilvania? —preguntó—. Te formaste en su servicio. Éramos muchachos juntos.

—Bueno, Frank, sabía que me harías esa pregunta, y aquí está la respuesta.

Le entregué el paquete de tarifas secretas y, pidiendo ser excusado por unos minutos, salí de la habitación, deseando darles la oportunidad de revisarlo juntos. Al regresar, aún estaban sentados con el paquete ante ellos.

Frank levantó la cabeza y exclamó: —Andy, me siento como Rip Van Winkle.

—Frank, los funcionarios del Ferrocarril de Pensilvania han dormido casi tanto tiempo.

—Bien, dinos qué quieres.

—No quiero nada. No pedí verlos. Ustedes pidieron verme a mí.

—No hables así. ¿Qué es lo que quieres? Queremos llegar a un acuerdo satisfactorio para ti. No sabíamos que estas cosas estaban ocurriendo. Nos cuesta creerlo, pero lo averiguaremos ahora. Dinos qué crees que deberíamos hacer.

Dije: —Caballeros, todo lo que siempre hemos pedido es que las tarifas que se nos cobran sean en todo momento tan bajas como las que pagan los competidores en otras líneas por los mismos artículos a distancias similares. No pedimos nada más. Otras líneas están transportando carga para nuestros competidores más barato de lo que ustedes lo hacen para nosotros, y ustedes toman parte de esa carga a tarifas reducidas. No podemos soportarlo. Nunca hemos pedido tarifas más bajas que nuestros competidores, pero nunca estaremos satisfechos con menos.

—Si detienen la construcción de esa línea desde los Lagos hasta sus fábricas, haremos lo que piden —fue su respuesta.

—Caballeros, eso no puede ser. He acordado construir esa línea, y ciertas partes han tomado acción en consecuencia de mi promesa. Tiene que construirse.

Se hicieron repetidos esfuerzos para inducirme a abandonar la construcción, hasta que finalmente le dije al presidente Roberts: —Acaban de darle a una empresa rival que está por construir fábricas en su línea en Pittsburgh un acuerdo para darles todo lo que nos dan a nosotros. No hacemos ninguna queja; pero si yo hubiera venido a usted y le hubiera pedido, Sr. Roberts, que retirara ese acuerdo, y usted me hubiera dicho que estaba comprometido a darlo, no diría más; esperaría que cumpliera su palabra. Si el abandonar la nueva línea es una condición para algo que harán por nosotros, debemos separarnos.

No se dijo más sobre ese asunto.

Luego vino la extensión de la línea del lago que habíamos decidido construir desde Pittsburgh hasta nuestros hornos de coque. Querían que se detuviera, y como aún no estaba comprometido a construirla, dije que eso era un asunto de negociación. Si deseaban transportar nuestro coque sobre su línea desde los hornos hasta nuestras fábricas en Pittsburgh a la misma tarifa acordada con la nueva línea propuesta para ese servicio, podían tener el contrato. Esto lo aceptaron con gusto. El resultado de la reunión fue que obtuve todo lo que pedía y enormemente agradecí al Ferrocarril de Pensilvania por permitirles retener el transporte de nuestro tráfico de coque desde los campos de coque hasta Pittsburgh. Todo se arregló satisfactoriamente, y todos éramos «jóvenes juntos» de nuevo. Me convertí en un aliado del P. R. R., lo cual me deleitó mucho.

Se estimó que el acuerdo nos ahorró alrededor de un millón y medio de dólares por año, una gran suma para nuestro negocio en ese momento. Los funcionarios ferroviarios, libres de restricciones, podían hacer o deshacer empresas mineras y manufactureras en esos días, y aún podrían hacerlo si no tuviéramos finalmente una corte de apelación y leyes contra discriminaciones obvias. La Comisión de Comercio Interestatal se está convirtiendo en una de nuestras mayores salvaguardias.

No debo olvidar mencionar que una parte del entendimiento era que, mientras el Ferrocarril de Pensilvania nos diera las mismas tarifas que nuestros competidores pagaban por distancias similares en cualquier parte de los Estados Unidos, no seríamos parte en la construcción de nuevas líneas en el distrito de Pittsburgh en competencia con el Ferrocarril de Pensilvania, y este acuerdo duró hasta que el Sr. Cassatt regresó al poder.

Estaba en Europa cuando cambiaron las tarifas del coque y otros rubros, sin conocer su origen ni los detalles de nuestro acuerdo con sus predecesores. Todo lo que pedimos y obtuvimos, como he explicado, fueron las mismas tarifas que otras líneas daban a nuestros competidores, y nada inferior a estas. Sin embargo, me han dicho que era imposible para la compañía ferroviaria hacer algo más que cobrar las tarifas regulares en algunos de nuestros envíos tal y como se registraban, y al final de cada mes comparar estas tarifas con las que habían dado a otros, o que nosotros pudiéramos demostrar que sus competidores habían dado a otros, para tráfico similar. Por lo tanto, las deducciones necesarias, si existían, que tenían que hacernos, podrían considerarse en un sentido técnico como «rebajas» sobre las tarifas más altas cobradas, aunque no lo fueran en ningún sentido verdadero; el resultado neto para nosotros era que, según el acuerdo, obteníamos exactamente las tarifas que los funcionarios del Ferrocarril de Pensilvania estaban convencidos de que nuestros competidores estaban pagando en otros distritos a través de otras líneas.

Así nos concedieron, por decirlo de alguna manera, la cláusula de «nación más favorecida,» y nada más. La nueva tarifa del coque estaba en una categoría diferente. Aquí, la compañía del Ferrocarril de Pensilvania decidió ocupar el lugar de un ferrocarril rival amenazante y tuvo que cumplir con sus términos. La Carnegie Steel Company solo obtuvo lo que la nueva línea iba a otorgarle.

Los esfuerzos de los fabricantes de Pittsburgh para escapar del dominio del gran monopolio comenzaron con la creación de una línea independiente hacia los Lagos, conectándose con el New York & Erie, el New York Central, etc. Esto se logró, pero posteriormente se vendió a los intereses de Vanderbilt, quienes ofrecieron tres dólares por cada uno invertido. Resultó ser un gran error vender, porque permitió a los dos sistemas ferroviarios conferenciar y llegar a acuerdos sobre tarifas fijas y probablemente la división del tráfico. Así terminó el primer esfuerzo.

Algún tiempo después, cuando nuevamente estalló una guerra entre los sistemas rivales, el fallecido William H. Vanderbilt me preguntó qué pensaba sobre el proyecto de su yerno, el capaz y emprendedor Sr. Twombly, de extender el sistema del Reading hasta Pittsburgh a través de Pensilvania.

Me pareció tan bien que le dije:

—Si lo emprenden, mis amigos y yo nos uniremos hasta la suma de $5,000,000 —una cantidad prodigiosa entonces, al menos para nosotros.

—Si ustedes lo hacen, entonces yo también invertiré $5,000,000 —respondió.

Así se organizó la South Pennsylvania y se comenzó su construcción. Esta era una oportunidad para que el New York Central asestara un golpe fatal a su antagonista, pero los intereses de Pensilvania, al ver lo que el movimiento implicaba, se acercaron al Sr. Vanderbilt mientras yo estaba ausente en Europa y lo indujeron a rendirse. No sé exactamente qué ventaja recibió el sistema del New York Central, pero debió haber sido considerable, ya que probablemente fue el mayor error en su historia. El Sr. Twombly había encontrado la clave del dominio para los intereses de Vanderbilt, pero fue, lamentablemente, desechada. Se detuvo el trabajo en la South Pennsylvania y se nos devolvió la inversión. Así terminó el segundo esfuerzo.

Mi esfuerzo personal para construir el Ferrocarril Bessemer hasta los Lagos ocurrió después de estos vanos intentos de una Pittsburgh unida de emanciparse.

Cuando el Sr. Cassatt puso fin al acuerdo concertado entre su predecesor y yo, estaba bastante preparado para aceptar el desafío. Una vez más éramos libres.

Una idea me vino a la mente una mañana. Visité al Sr. George Gould y le dije:

«Hace años, poco después de que me estableciera en Nueva York, su padre se me acercó en el Hotel Windsor y me dijo que compraría el control del Ferrocarril de Pensilvania y dividiría las ganancias por igual conmigo si prometía dedicarme a su gestión. Fue un gran cumplido para alguien tan joven, pero mi corazón ya estaba en el desarrollo del acero, y decliné. Esta mañana vengo a usted y le ofrezco la oportunidad de crear y controlar una línea directa desde el Atlántico hasta el Pacífico. Extienda su línea hasta Pittsburgh, y le daremos un contrato por un tercio de todo nuestro negocio, siempre que acuerde darnos las tarifas prevalecientes en otros lugares y disfrutadas por nuestros competidores».

Me ofrecí a construir hacia el oeste para encontrarnos, y también a unirnos para construir hacia el este. Afortunadamente, él aceptó, y el resultado es que el sistema Gould hoy está en Pittsburgh disfrutando de ese contrato.

Estábamos a punto de arreglar la extensión de la línea hacia el este, abarcando nuestras plantas de coque en el camino, lo que hubiera sido un duro golpe para el Ferrocarril de Pensilvania, ya que controlábamos nuestro propio tráfico de coque, cuando el Sr. Morgan le preguntó al Sr. Schwab si yo deseaba retirarme del negocio; si era así, él creía que podía dejarme fuera. Respondí afirmativamente, habiendo resuelto desde joven no pasar mi vejez luchando por más dólares. Había visto tantos casos lamentables de hombres con fortunas para retirarse, pero sin nada a lo que retirarse, condenados a continuar como moscas atrapadas en la rueda giratoria, para quienes el cambio significaba miseria.

Por supuesto, detuvimos todas las negociaciones orientadas a la extensión hacia el este después de esto, y el resultado fue mi retiro del negocio. Con el regreso del Sr. Cassatt al poder como presidente del sistema de Pensilvania, vino la necesaria reforma, y me complace registrar el gran servicio que ese compañero de mi juventud hizo a los intereses ferroviarios del país.

Al hacerlo, rompió la constitución de Pensilvania, que prohíbe a cualquiera de sus ferrocarriles controlar líneas competidoras mediante compra u otros medios. Compró grandes intereses en el Baltimore & Ohio y otras líneas competidoras, pero cuando hizo esto no creo que supiera que estaba violando la constitución, porque en aquellos días los funcionarios ferroviarios pensaban poco en la ley, ya que raramente afectaba las operaciones de transporte. Estas inversiones desde entonces han sido vendidas por la compañía de Pensilvania.

Su influencia sobre las líneas competidoras se volvió decisiva. Aseguró la aplicación honesta de tarifas uniformes en el sistema de Pensilvania y gradualmente indujo a las otras líneas a adherirse a ellas. Así se estableció lo que se llama la idea de «comunidad de intereses».

En el intervalo, el Gobierno había abordado el tema del comercio interestatal, que los estados claramente no podían controlar. Se aprobaron leyes sabias, y se nombró una comisión nacional, y los males de los descuentos ya son desconocidos hoy en día. Bajo las leyes actuales, ninguna corporación puede permitirse ofrecer, ni ninguna persona o compañía puede permitirse recibir, descuentos, ya que el riesgo de exposición y castigo es ahora, afortunadamente, demasiado grande.

Así, las condiciones que prevalecían en el pasado en el transporte ferroviario, entonces aún en su etapa formativa, están siendo rápidamente sustituidas por un sistema que finalmente será tan perfecto como el hombre pueda crear y mantener. El Presidente ha prestado un gran servicio al enfocar la atención del país en ciertos males evidentes, y la posición actual del Gobierno es todo lo que podría desearse.

El pasado muerto enterrará su pasado. Lo está haciendo rápidamente. Era costumbre que prevalecieran diferentes tarifas al inicio del desarrollo ferroviario, cuando todo era caos, pero nuestras condiciones pronto serán aquellas que las tierras antiguas han establecido gracias a la experiencia. Solo estamos siguiendo su ejemplo al supervisar estrictamente las corporaciones ferroviarias y otras, como hacemos con los bancos nacionales.

Los arrendamientos, fusiones, compras de acciones, control de otras líneas o corporaciones, la emisión de bonos y acciones, y las tarifas de flete deben ser reportadas, examinadas y aprobadas por el tribunal que se convertirá en nuestro Tribunal Supremo Industrial. Podemos estar seguros de que la Comisión Interestatal, progresando año tras año a medida que gana experiencia, mantendrá tarifas justas para las compañías ferroviarias y establecerá lo que es indispensable: la igualdad de tarifas en todo el país.

La igualdad del remitente pronto se convertirá en un axioma, al igual que la igualdad del ciudadano: los privilegios de un remitente sobre cualquier ferrocarril serán el derecho de todos los remitentes. Diferentes tarifas por tonelada o por milla pueden prevalecer en diferentes secciones o bajo diferentes condiciones, pero estarán abiertas para todos. Esto otorgará a los accionistas de las corporaciones un grado de seguridad hasta ahora desconocido, aumentará el valor de sus inversiones y resultará tan beneficioso para las corporaciones como para los accionistas y el país. El capital, tanto nacional como extranjero, se sentirá más atraído que nunca a este campo.

La creación de la comisión es la adición más importante que se ha hecho en nuestra época a la maquinaria del gobierno. Debe ser proclamada por la Administración y los principales estadistas de ambos partidos, y mantenerse claramente ante el pueblo que no se ha tomado ni se contempla ninguna acción radical. Por el contrario, todo lo que se desea es solo lo que otras naciones ya poseen y es, en el sentido más verdadero, conservador y preservador en el más alto grado.

La facilidad y rapidez con que se estableció la comisión, que ya ha abolido los desmoralizadores descuentos y está rápidamente otorgando a las inversiones corporativas la seguridad que poseen en otros países al traerlas bajo supervisión, es un gran triunfo para nuestro sistema gubernamental en todos los departamentos, legislativo, ejecutivo y judicial. Da a todos la seguridad de que no surgirá ninguna emergencia en nuestro país que no será abordada rápida y exitosamente—un pueblo inteligente, justo y razonable en la base, aprobando cordialmente las medidas saludables de sus representantes, con el Presidente, una gran fuerza reformadora a la cabeza, liderando el camino.

¡Muchas Gracias!

Valoramos enormemente tus comentarios sobre este libro y te invitamos a compartir tus opiniones directamente con nosotros. Como una empresa editorial independiente en crecimiento, buscamos continuamente mejorar la calidad de nuestras publicaciones.

Para tu conveniencia, el código QR a continuación te llevará a nuestro sitio web. Allí, puedes dejar tus comentarios directamente o encontrar el enlace a la página de reseñas de Amazon para compartir tu experiencia y ofrecer cualquier sugerencia de mejora. En nuestro sitio web, también puedes ver nuestros libros relacionados y acceder a materiales complementarios gratuitos.

O visítenos en https://motmot.org/666

www.ingramcontent.com/pod-product-compliance
Lightning Source LLC
Chambersburg PA
CBHW071207240526
45470CB00018B/1532